Dornröschen

Hast Du denn den Zauberwald gefunden? Dann musst Du mutig voranschreiten, tief in ihn eindringen, dorthin, wo weder Weg noch Steg führt. Im Herzen des Zauberwalds, dort wo er ganz und gar undurchdringlich ist, dort wirst Du auf eine kreisrunde Lichtung stoßen. Und in ihrem Zentrum steht eine solitäre mächtige Esche, deren Stamm so dick ist, dass es drei ausgewachsene Riesen braucht, die sich bei den Händen halten, um ihn zu umringen. Dies ist der Weltenbaum.

Wenn Du Dich dem Weltenbaum in Ehrfurcht näherst und im rechten Takt dreimal auf seine Rinde klopfst, wird sich eine verborgene Tür auftun, die unsichtbar in seine Rinde geschnitten ist. Vor Dir liegt eine Wendeltreppe, die sich linksherum in die Tiefe dreht. Ein silbriges Licht scheint Dir von unten entgegen.

Die Stufen sind ins Holz der Esche gearbeitet. Und wie Du Stufe um Stufe hinabsteigst, versteinert das Holz mehr und mehr. Die Wände sind jetzt feucht bemoost und schimmern fahl im silbernen Licht, das Stufe für Stufe strahlender wird.

Doch die Treppe wird enger und enger, scheint sich wie ein Korkenzieher in den Felsengrund zu drehen. Immer dichter rücken die Wände heran, bis sie rechts und links an Deine Schultern stoßen und noch enger an Dich heranrücken. Fast müsstest Du stecken bleiben, wenn sich der Gang nicht just den Moment in eine Höhle eröffnen würde, hoch wie ein Dom, dass Du das Deckengewölbe im silbernen Lichterglanz nur ahnen kannst.

Die Wände dieses Felsendoms kleiden Mosaike aus Edelgestein. Orakelhafte Bilder von heldenhaften Menschen, geheimnisvollen Wesen, magischen Tieren und unermesslichen Schätzen von Gold und Zauberkraft.

Dein Auge ist so geblendet, dass Du den Thron am Kopfende des Felsendoms erst spät entdeckst. Da ist auf einer Empore ein Baldachin von grünem Brokat aufgespannt. Und darunter steht ein Thron aus Rosenquarz geschnitten. Und auf dem Thron sitzt ein Männlein so alt wie der Berg selbst. Es trägt seine rote Zipfelmütze unter einer silbernen Krone. Und sein silberner Bart fließt den Thron hinab, die Empore hinunter und quer durch den Saal bis vor Deine Füße wie ein Gebirgsbächlein.

Das ist Zwergenkönig Alberich. Wenn Du ihn endlich entdeckt hast, wird er Dich zu sich winken. Du tust gut daran, der Einladung Folge zu leisten. Aber gib Acht, dass du nicht auf seinen Bart trittst, sonst musst Du sterben.

Wenn Du Dich dem König der Zwerge in Achtung näherst, wird er Dir dreizehn Bücher zeigen, dass Du Dir eines davon erwählst. Er wird es Dir schenken. Wenn Du es aber aufschlägst, so wirst Du nichts als weiße Seiten darin sehen. Frage nicht. Es ist weder die Zeit noch der Ort, Fragen zu stellen. Bedanke Dich und troll Dich mit Deinem Buch hinfort.

Du wirst suchen müssen. Es gibt einen, der hat eine Brille mit zwei verschiedenen Gläsern. Doch niemand kennt ihn, niemand hat ihn je gesehen. Er wandelt sich, erscheint mal als dieser, mal als jener, mal als alter Mann, dann als junge Frau. Deine Geduld wird geprüft werden. Und viele wirst Du treffen, die Dir falsche

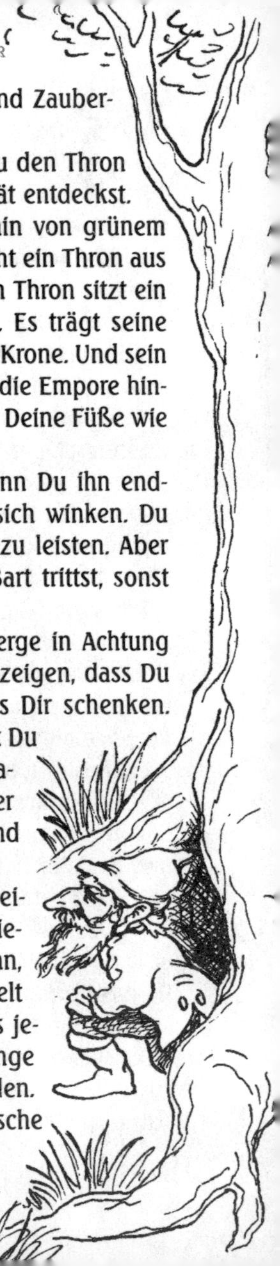

Brillen anbieten. Wehe, Du liest Dein Buch mit einer verwunschenen Brille!

Wenn Du aber die Not nicht scheust, wenn Du nicht zu fragen aufhörst, wenn Du nichts sehnlicher wünscht, als in Deinem geheimen Buch zu lesen, dann wird der Unbekannt Dir die Brille zustecken oder auf den Weg legen, Dir als Lohn für einen Dienst schenken oder von einem goldenen Vögelchen zutragen lassen.

Geschwind, setzt die Brille auf! Sie hat zwei verschiedene Gläser. Wenn Du durch das eine schaust, dann liest Du eine wundersame Geschichte, die jedes Mal, wenn Du sie wieder liest, anders zu laufen scheint und anderes bedeuten will. Wenn Du aber durch das andere Glas schaust, dann liest Du Deine eigene Lebensgeschichte, die in diesem Buch niedergeschrieben ist. Denn es ist das Buch Deines Lebens.

Dieses Buch hier ist das dritte der dreizehn Bücher. Setze Deine Zauberbrille auf und schau nach, ob es Deine Lebensgeschichte ist, die hier schon aufgeschrieben wurde, lange bevor Du in diese Welt kamst. Das ist das Geheimnis dieses Buchs. Es weiß mehr, als es verrät. Du musst ihm hinter die Schliche kommen, um es zum Reden zu bringen.

Schau hinter die Wörter, um die verborgenen Sätze zu finden. Geh den Weg durch die Dornen, der zu Deinem Schatz führt. Suche, spinne, träume. Steige den Turm hinauf. König und Königin reiten durch die Wolken. Bleierne Müdigkeit legt sich über das Land. Das Laub der Bäume tuschelt Fragen und Fragen. Sieh, schon hast Du Dich im Unterholz des Zauberwalds verstrickt! Wieviel Zeit verbleibt Dir bis zum Morgen? Siehst du die tanzende Spindel, die Dich entführen will...

Felix von Bonin

Dornröschen

Erweckung des Weiblichen

Heilung durch Märchen

$\frac{3}{13}$

Die Macht der Dreizehn

Param Verlag

Was können Sie von diesem Büchlein erwarten?

Heilung? Heilung durch Märchen, ist der Obertitel dieser Reihe von dreizehn Bänden. Jeder einzelne ist einem anderen Märchen gewidmet, ausgewählten Märchen. Sie haben zu diesem Band gegriffen. Zufall? Oder fühlen Sie sich von »Dornröschen« besonders angesprochen?

Dieses Buch ist aus drei Komponenten zusammengewachsen: ① allgemeinen Gedanken zu Heilung und Märchen sowie Anregungen zur vertiefenden Begegnung; ② dem Märchen selbst, in drei verschiedenen Fassungen; ③ einer anderen, erweiterten Perspektive auf das Märchen, die nicht so sehr deutet, sondern mehr hindeutet.

Die Märchen haben ihre heute allgemein bekannte Form durch die literarische Bearbeitung von Wilhelm Grimm bekommen. Von den im Verlauf der Sammeltätigkeit angefertigten Handschriften, über die erste Ausgabe der »Kinder- und Hausmärchen« (KHM) von 1812–14 bis zur letzten von ihm bearbeiteten Ausgabe 1857, also über rund ein halbes Jahrhundert hinweg hat er die Texte zum Teil erheblich verwandelt. Zum »Dornröschen« gibt es eine handschriftliche Aufzeichnung von 1810, die der Fassung der Erstausgabe von 1812 sehr ähnlich ist. Bis zur Ausgabe letzter Hand von 1857 ist dann nicht nur viel Ausschmückung hinzugekommen, auch zwei unscheinbare Details wurden verändert, worauf später noch eingegangen wird. In den 150 Jahren nach Grimm sind die Märchen dann aber von

Literaturwissenschaftlern gehütet inhaltlich unangetastet geblieben.

Man kann Märchen nicht deuten, so wie man auch Symbole nicht deuten kann. Wer deutet, deutet auch immer sich selbst hinein. Das Deutungsgewebe von Märchen ist unendlich vielschichtig. Je mehr man hineinschaut, desto mehr entdeckt man. Und dazu sind Märchen ja gedacht, dass man hineinschaut, selbst hineinschaut und sich darin entdeckt.

Genießen kann man Märchen, wie einen guten Wein. Und wie der Weinkenner auf Geschmacksnoten und Feinheiten aufmerksam machen kann, so kann der Märchenkenner ein Märchen entfalten, um seinen Reichtum leichter zugänglich zu machen.

Märchen bergen einen großen Schatz, der nicht von dieser Welt ist. Sie können diesen Schatz für sich heben, das ist ganz leicht. Wenn Sie sieben Jahre den Erdmännchen dienen, Speise und Trank der alten Frau nicht anrühren und den dornenreichen Weg zu gehen finden, dann wird Ihnen schließlich ein goldenes Vögelchen ein gläsernes Schlüsselchen in den Schoß fallen lassen. Sie wissen doch schon, in welches Schloss dieser Zauberschlüssel passt!

Zu erfahren, welches Geheimnis Sie entdecken werden, wenn Sie den Zauberschlüssel dreimal im Schloss umdrehen, das können Sie von diesem Büchlein erwarten. Was »Dornröschen« dazu beitragen kann, werden wir sehen.

Märchen Heilung Selbsterfahrung

Was sind Märchen? Wieso Heilung? Und was soll Selbsterfahrung? Halt. Halt, halt! Eins nach dem anderen.

Früher wurden Märchen durch Erzählen, Weiter- und Weitererzählen verbreitet. Das ist ein langsames, aber sehr lebendiges Medium, weil nichts festgeschrieben ist und jeder Erzähler zum Mitgestalter wird, denn er reagiert auf seine Zuhörer, verändert den Text hier und da und wird immer genau so erzählen, wie es am besten ankommt, also am besten die Bedürfnisse und Erwartungen des Publikums trifft. Deshalb bleiben erzählte Geschichten lebendig.

Mit der Verbreitung des Buchdrucks und damit der Verfügbarkeit preiswerter Bücher erstarb die Erzählkultur. Im 19. Jahrhundert, als es nur noch wenige Menschen gab, die Märchen zu erzählen wussten, machten sich Literaten und Literaturwissenschaftler auf, dieses Volksgut zu sammeln, niederzuschreiben und damit zu konservieren.

Die bekanntesten, weil erfolgreichsten Märchensammler hierzulande sind die Brüder Jacob und Wilhelm Grimm, die sich durch ihre Arbeit so unlösbar mit den Märchen verbunden haben, dass »Grimmsche Märchen« heute ein Synonym für unsere Volksmärchen ist, obwohl die Grimmschen Märchen durch die kreative Feder Wilhelm Grimms oft mehr geprägt sind als durch Volkes Stimme.

Die erste Ausgabe der »Kinder- und Hausmärchen« (KHM) erschien in zwei Bänden 1812 und 1814. Sie enthält rund 200 Texte. Die letzte, von Wilhelm Grimm bearbeitete Ausgabe erschein 1857. Und danach sind die Märchen wie Gelatine in einer eisgekühlten Form erstarrt, denn die Generationen nachfolgender Literaturwissenschaftler haben nur noch emsig katalogisiert und bewahrt. Märchenerzähler werden bis heute, 150 Jahre danach, gedrillt, die Märchen grimmsch bis aufs Wort zu reproduzieren.

Fraglos wären uns die Märchen heute längst verloren, hätte es Märchensammler wie die Grimm Brüder nicht gegeben. Allerdings wurden die Märchen mit dem Niederschreiben auch festgeschrieben. Und mit dem Aussterben der Märchenerzähler erstarb auch die Entwicklung der Volksmärchen, weil neue Eindrücke unserer Kultur nicht mehr erzählend in die Märchen einbezogen werden konnten. Bis heute, zwei Jahrhunderte nach Grimm, lesen wir die Märchen noch immer in der Sprache, die damals gesprochen wurde, und in diesen Texten kommen Begriffe vor, die heute nur noch Germanisten und Kulturhistoriker verstehen.

Was zum Beispiel ist ein »verbuttetes« Aschenputtel? Was meinen die Kinder, wenn sie die Köchin eine »alte Sanne« nennen? Was sind das für »Lilienblumen«, die auch Studenten genannt werden? Was ist eine »Lohhucke«, ein »Malter«, ein »steinerner Christoph«, »Grind«, »Hunkepuus«? Was sind »Sternblumen«, »Haulemännerchen« oder »welsche Nüsse« und was bedeutet es, Garn zu »schlittern« oder Haare zu »schnatzen«? Ich weiß es nicht. Und wenn Sie es wissen, dann mailen* Sie es mir doch bitte.

Manche Experten vertreten die Meinung, die besondere (altertümliche) Sprache gehöre zum Märchenerlebnis dazu. Ja, ist das so? Dann ist das aber erst neuerdings so, denn ehedem wurden die Märchen in Umgangssprache erzählt. Und ehrlich, welchen Unterschied bedeutet es, ob von Snee- oder Schneewitchen erzählt wird, außer die lüsterne Lust positivistischer Besserwisserei zu kitzeln?

Wer die Märchen in den verstaubten Regalen von Universitätsbibliotheken verscharrt, mag sich an solchen Buchstabierungen ergötzen. Doch die Märchen vorlesende Mutter ist nur verlegen, wenn Söhnchen fragt, was denn ein »Hüfthorn« sei. Wissen Sie es?

Märchen sind wahrlich kein Kinderkram, werden aber all zu gerne so behandelt. »Erzähl mir doch bloß keine Märchen!« Warum denn nicht? Kinder, aber selbst Erwachsene, die aus irgendeinem Grund mit Märchen in Berührung kommen, ein Märchen (uninszeniert) erzählt bekommen, sind in der Regel fasziniert. Was ist das Faszinierende an und in den Märchen? Was berührt uns da tief drinnen, wo wir so selten wirklich sind?

Vieles, was ursprünglich das Leben bereichert hat, geht im Laufe der Zeit verloren. Wenn wir entdecken, dass es wertvoll ist, müssen wir es neu erwerben. Einsicht und Verständnis helfen uns dabei, mehr noch aber die direkte Erfahrung des Wertes.

*FvBonin@maerchen-seminare.de

Ich glaube, Märchen sind so ein verlorener Wert, den wir wiedererwerben sollten. Märchen sind Balsam für die Seele. Märchen fördern die seelische Entwicklung von Kindern, und dem Erwachsenen bieten sie Gelegenheit, seinem inneren Kind zu begegnen und sich mit ihm auszusöhnen.

Erbauung
Einweihung
Heilung

Warum erzählen sich Menschen Geschichten? Um sich zu unterhalten und sich von ihren Erfahrungen zu berichten. Das ist heute nicht anders als vor zwei- oder dreihundert Jahren. Und gute Geschichten werden weitererzählt, ausgesponnen, verändert und immer weiter- und weitererzählt. So kristallisiert sich mit der Zeit die eine Geschichte heraus, die den Nerv der Zuhörer besonders gut trifft.

Mit den Volksmärchen haben wir einen Kanon solcher Geschichten. Viele dienten und dienen der bloßen Erbauung, einige sind auch nur Sammelgut, das sich eher zufällig im Köcher verfangen hat. Doch manche Märchen sind psycho-pädagogisch und tiefenwirksam, erfüllen beim Zuhörer ein Bedürfnis jenseits des Bewusstseins oder weihen ihn symbolisch in unausgesprochene Zusammenhänge, in Lebensgeheimnisse ein.

Grob lassen sich diese Märchen in drei Gruppen gliedern. Die erste kann mit »Symbiose« überschrieben werden. Ihr Grundmuster ist, dass die natürliche Ordnung bedroht oder beschädigt ist und im Verlauf des Märchens durch das (jüngste) Kind, den Protagonisten des Märchens, wiederhergestellt wird. Märchen dieser Gruppe sind für die jüngsten Kinder, die noch in psycho-emotionaler Symbiose mit der Mutter leben, von vitaler Bedeutung. Das Märchen bestätigt die Tragfähigkeit der Symbiose mit der Mutter als Vertreterin der großen Mutter Natur. Diese Bestätigung gibt dem Kind Sicherheit und Zutrauen. Ein typisches Märchen dieser Kategorie ist »Der Wolf und die sieben jungen Geißlein« (KHM 5).

Die zweite Gruppe kann unter dem Stichwort »Autonomie« subsummiert werden. Diese Märchen sprechen schon etwas ältere Kinder an, die sich im Prozess der Lösung von der Mutter, den Eltern befinden. Der Märchenheld, also in der Regel das Kind, der Dummling, muss in die Welt hinausziehen, um sein Glück zu suchen. Dieser Schritt in die Autonomie wird vom Kind durchaus als bedrohlich empfunden. Die liebevolle Mutter, die doch bislang für alles gesorgt hat, wird unvermittelt zur Hexe, die eigene Ziele verfolgt und das Kind gar bedroht. Der typische Vertreter dieser Kategorie ist »Hänsel und Gretel« (KHM 15).

Es hilft Kindern in ihrer Entwicklung und macht ihnen Mut, beispielhaft im Märchen zu erleben, wie dieser schmerzhafte Schritt in die Autonomie bewältigt werden kann, dass es eine Lösung gibt und dass am Ende alles gut herauskommt. Wenn Kinder das Märchen hören, sind sie vielleicht tief betroffen und äußern auch Ängste zum

Beispiel gegenüber der Hexe, doch es ist nicht das Märchen, das ihnen Angst macht, sondern ihre Lebenssituation, die im Märchen gespiegelt ist. Modellhaft und symbolisch können sie am Märchen durchleben und -leiden, was im richtigen Leben unvermeidbar, unausweichlich und ganz real ist.

Doch Märchen schildern den Schritt in die Autonomie nicht nur als gefährlich. Ein positiver Ausblick auf die weite Welt macht Kinder neugierig und macht ihnen Mut. Solche Märchen schildern quasi die Entschädigung für den Schmerz der Autonomie. »Daumesdick« (KHM 37) zum Beispiel unternimmt einen (erfolgreichen) Ausflug in die Welt und behauptet sich seiner mangelnden Größe zum Trotz, ist am Ende aber noch froh, zurück in den Schoß der Familie (Symbiose) zu finden. Dieses Märchen wäre also zwischen den beiden Kategorien einzuordnen. Andere Dummling- bzw. Däumeling-Märchen verlaufen ähnlich.

Die dritte Gruppe steht im Zeichen der »Einweihung« und ist besonders für Kinder geeignet, die dabei sind, den Märchen zu entwachsen. Hier werden die Probleme und Konflikte des familiären und zwischenmenschlichen Zusammenlebens thematisiert und Lösungswege für all die Verwicklungen aufgezeigt, die sich dem Kind auf seinem Weg ins Leben entgegenstellen können.

Unsere menschlichen Lebensbedingungen haben sich über die Jahrhunderte hinweg geändert und ändern sich ständig, doch die zwischenmenschlichen Probleme sind immer noch die gleichen wie vor Jahrtausenden. Deshalb sind die Märchen inhaltlich bis heute aktuell. In ihnen sind so ziemlich alle Konflikte dargestellt, denen sich ein heranwachsendes Kind in der familiären Gesellschaft vorgestern wie heute und übermorgen gegenübersieht:

Es ist aus einem Seitensprung (oder auf unnatürliche Weise entstanden), ist oder fühlt sich unerwünscht oder wird sogar verstoßen, wächst bei Stiefeltern oder Fremden auf. Es erfüllt nicht die Erwartungen der Eltern, ist nicht ›normal‹, fühlt sich zurückgesetzt (Dummling), wird oder fühlt sich schlecht behandelt. Die Mutter sieht in der Tochter eine Rivalin. Der Vater sieht im Sohn eine Bedrohung. Bruder und Schwester sind verstrickt. Der Sohn begehrt die Mutter. Der Vater missbraucht die Tochter. Der junge Mann muss seine Tierhaut abstreifen und die scheintote junge Frau in ihrem Glassarg wachküssen.

Diese Liste ließe sich fortsetzen. Und zu jedem Punkt dieser Liste kann mindestens ein Märchen genannt werden. Um nur ein Beispiel für den Missbrauch zu nennen, der ein so ›modernes‹ Problem zu sein scheint: »Das Mädchen ohne Hände« (KHM 31).

Bei einem weiteren Aspekt ist die Kategorisierung »Einweihung« noch treffender und tiefer gehend. Die sexuelle Reifung und die Hinwendung zum anderen Geschlecht müssen bewältigt werden. Die Rolle als Frau beziehungsweise Mann muss gefunden und ausgefüllt werden. Hier sind die Märchen besonders für Mädchen eine wertvolle Orientierungshilfe, in einer männlich geprägten Welt die Weiblichkeit zu entdecken, doch auch Jungen bekommen wertvolle Hinweise. Ein typisches Beispiel hierfür ist »Dornröschen« (KHM 50). Das klassische Märchen der männlichen Einweihung ist »De wilde Mann« (Erstausgabe), »Der Eisenhans« (Letztausgabe, KHM 136).

Die kindliche Entwicklung ist dramatisch, und Märchen sprechen diese dramatische Sprache. Der Handlungsverlauf ist immer geradlinig, die Charaktere ebenso eindeutig. Die Bilder sind so markant, dass wir sie heute wohl gerne als drastisch bezeichnen, und die Symbolik ist vielschichtig deutbar. Dadurch kann sich das Märchen bei der seelischen Arbeit den subjektiven Bedürfnissen weitgehend anpassen.

Ein Kind erlebt viele Situationen, die traumatisch sind oder sich jedenfalls tief in sein Bewusstsein einbrennen. Mit der Zeit wird das aktuelle Ereignis zwar ›vergessen‹, es sinkt in das Unbewusstsein ein, doch der Ein-Druck besteht fort und wirkt, wenn auch unbemerkt, seelisch weiter. So entstehen unbewusste Prägungen, die bis ins Erwachsenenalter fortwirken. Im Märchen heißt das Verwünschung.

Hat die Person als Kind Märchen gehört, so wird sie sich an ein entsprechendes Märchen erinnern. Doch auch wenn in der Kindheit keine Märchen gehört wurden, wird sich ein Märchen finden, was den versunkenen oder verdrängten Konflikt treffend behandelt.

Wenn wir uns als Erwachsene in ein Märchen hineinbegeben, also das Märchen auf uns wirken lassen und seine verschiedenen Aspekte aufblättern, ohne sie zu zerpflücken oder durch Deutung zu entleeren, dann erwacht in uns das Märchenreich wieder zum Leben, das heißt, wir bewegen uns auf der Ebene bildhafter Kommunikation, der symbolischen Sprache der Seele, die dem Traum so sehr verwandt ist.

Auf dieser Ebene können Erinnerungen an kindliche Erlebnisse auftauchen, alte Wunden aufbrechen, Zusammenhänge aufblitzen. Die eingekapselte und im Unbewussten versenkte Energie wird dabei freigesetzt und sucht sich ihre Bahn nach draußen. Im Märchen heißt dieser Vorgang Erlösung.

Anders als bei dialogorientierter Therapie ist es nicht nötig, diese Vorgänge sprachlich zu analysieren oder über Assoziationsketten tiefer und tiefer ins Unbewusste hineinzuschürfen. Märchentherapie beruht weitgehend auf den Selbstheilungskräften der Seele. Wir begeben uns furchtlos in den Zauberwald, um dort unser inneres Kind zu treffen. Von ihm erfahren wir, was es erlebt hat und wie es dadurch geprägt wurde. Allein unsere inzwischen hinzugekommene erwachsene Perspektive genügt oft schon, um die Erlösung einzuleiten. Das Märchen selbst trägt dazu bei, weil es moralisch und gerecht ist (das Böse wird drastisch* bestraft) und immer gut ausgeht.

*Gerade die drastischen Strafen geben oft Anlass zu der Kritik, Märchen seien grausam. Tatsächlich sind Märchen überhaupt nicht grausam, ganz anders als viele Comics oder Filme, die Kinder statt dessen zu sehen bekommen. Grausam sind im Märchen immer nur die Strafen für das Böse. Und das ist uns seelisches Bedürfnis. Erwachsene bedeuten die Sprache der Seele oft falsch. Eine Ehefrau mag sagen: »Wenn er schnarcht, könnte

Die Begegnung mit dem inneren Kind setzt einen innerseelischen Prozess in Gang, der unterhalb der Bewusstseinsschwelle abläuft und immer nur so viel in unser waches Erleben abgibt, wie ausreichend vorverarbeitet ist. So kann die stille Auseinandersetzung mit einem Märchen eine ganze Weile benötigen. Immer wieder tauchen assoziierte Erinnerungen auf oder es werden spontan seelische Einsichten gewonnen, erfolgen stillschweigende Aussöhnungen oder verstrickten Personen gegenüber diskrete Verhaltensänderungen, die ihrerseits heilende Reaktionen auslösen können.

Dieser Heilungsprozess muss nicht absichtlich stimuliert oder sonst wie intellektuell begleitet oder verfolgt werden. Er wird durch die Begegnung mit dem Märchen initiiert und stimuliert. Und man kann ihn unterstützen, indem man sich bildhaft, symbolisch, meditativ, kreativ und so weiter mit dem Märchen beschäftigt.

Begegnung
Öffnung
Selbsterfahrung

Um als Erwachsener seelische Stärkung aus Märchen zu erfahren, muss man zunächst bereit sein, Märchen ernst zu nehmen, sie nicht schnell abzutun. Unsere Märchen enthalten die kollekti-

ich ihn umbringen.« Und die Vorstellung verschafft ihr, gottlob, seelische Erleichterung, wie ein jeder nachvollziehen kann, doch es wird immer beim »könnte« bleiben, denn sie denkt ›im Traum‹ nicht daran, es wirklich zu tun.

ven Erfahrungen unserer nordeuropäischen Kultur, sind das spirituelle Erbe, aus dem wir schöpfen können, in dem wir wurzeln.

Wenn wir bereit sind, dem Märchen zu begegnen, müssen wir uns öffnen, was heißt, die Bilderwelt des Märchens (der Seele) in uns zum Sprechen zu bringen. Diese Sprache ist uns vertraut wie eine Muttersprache, die wir aber in fremdem Land verlernt, vergessen haben. Natürlich kann man die ›Vokabeln‹ dieser Sprache erneut lernen,* doch das genügt nicht, denn diese Sprache ist dem Herzen näher als dem Verstand und durch bloßes Auswendiglernen erschließt sie sich nicht. Es braucht Übung, Gewöhnung, Einfühlung.

Die dreizehn Bändchen dieser kleinen Reihe sind Fremdenführer durch den Zauberwald. Sie vermitteln wie ein Dolmetscher zwischen der Sprache der Märchen und unserer Alltagssprache. Jede Übersetzung ist zu einem gewissen Grad auch Interpretation, doch der Übersetzer deutet nur, wo wörtliche Übersetzung nicht möglich ist. Er deutet nichts hinein.

Der Reisegast sammelt seine eigenen Eindrücke auf der Führung und wie er mit dem fremden Land in Berührung kommt, wird es ihm immer vertrauter. Sprachbrocken erschließen sich. Hier und da greift er zum Reiseführer oder Wörterbuch. Und schon bald wird er sich frei genug fühlen, auf eigene Faust tiefer ins fremde, ins mehr und mehr vertraute Holz vorzudringen.

*Bonin, Felix von: Kleines Handlexikon zur Märchen-Symbolik. Stuttgart (Kreuz) 2001.

In der Tiefe des Zauberwalds sind wir mit uns und unseren Eindrücken allein. Hier können wir uns wirklich und ungestört selbst erfahren. Wir können nach unserem Lebensmärchen forschen, wir können mit unserem inneren Kind kommunizieren, wir können kreativ mit dem Märchenstoff umgehen und uns einen Zaubermantel daraus schneidern.

Märchen sind wie ein Spiegel. Wir schauen hinein und unser verwunschenes Selbst schaut heraus, fordert uns heraus, auf die Suchwanderung durch den Zauberwald zu gehen und die Erlösung zu suchen:

Schlüsselmärchen

Eine in der Märchentherapie weit verbreitete Methode ist, sich in die Kindheit zurückzuversetzen. Weil das ein mentaler Prozess ist, hat die Beschreibung in einem Buch da nur begrenzte Möglichkeiten.

Zunächst ist es wichtig, äußerlich und innerlich zur Ruhe zu finden, also die Augen zu schließen, den Atem zu beobachten, tief und entspannt zu atmen. Eine Führung von außen ist dabei sehr sinnvoll. Es gibt verschiedene Methoden der Rückführung, aber schließlich ist man aufgefordert, sich in ein vorschulisches Alter von 4, 5, 6 Jahren zurückzuversetzen und zu schauen, welche Erinnerungen spontan auftauchen und schließlich an eine Geschichte, an ein Märchen zu denken. Meist taucht sofort die Erinnerung an ein Märchen auf, das in der Kindheit eine Schlüsselrolle gespielt hat.

Wenn Sie Ihr Schlüsselmärchen gefunden haben, holen Sie es Stück für Stück in die Erinnerung zurück. Lesen Sie es nicht gleich in einem Buch nach, sondern erinnern Sie sich. Wenn Sie genau sein wollen, notieren Sie auch, an was Sie sich in welcher Reihenfolge erinnern.

Wenn Sie meinen, das Märchen in den Grundzügen wieder vor sich zu haben, dann formulieren Sie einen einzigen Satz, der das wesentliche Motiv des Märchens erfasst. Diesen Satz sollten Sie auf jeden Fall aufschreiben und den Zettel gut verwahren.

Es ist dann gut, die Begegnung mit dem Schlüsselmärchen zunächst zu beenden. Vermutlich werden Sie in den folgenden Tagen noch mehr Erinnerungen haben, zum Beispiel die Situation, in der Ihnen das Märchen erzählt oder vorgelesen wurde oder Sie es selbst gelesen haben. Vielleicht auch, dass Sie als Kind etwas geschenkt bekommen haben, was mit dem Märchen in Beziehung stand, dass Sie es im Kindergarten oder in der Schule aufgeführt oder eine Aufführung des Märchens besucht haben.

Vielleicht werden Ihnen aber auch ganz spontan Zusammenhänge klar. Sie erkennen Muster aus dem Märchen, die Sie in Ihrer Kindheit geprägt haben oder es auch heute noch tun. Sie sehen vielleicht auch Personen vor sich, die für Sie die gleiche Funktion haben, wie Figuren in Ihrem Märchen. Vielleicht träumen Sie auch etwas, das mit dem Märchen oder Ihrer Kindheit in Zusammenhang steht. Die möglichen Reaktionen Ihres inneren Kindes können hier nur exemplarisch angerissen werden.

Lassen Sie sich genügend Zeit, auf Ihr Schlüsselmärchen zu reagieren. Wenn Sie mögen, können Sie auch den Prozess des Erinnerns weiter vertiefen. Oder Sie erinnern sich an ein zweites Märchen, das auch sehr wichtig für Sie war, und Sie leiten damit den gleichen Prozess ein.

Erst, wenn Sie das Gefühl haben, dass die wesentlichen Reaktionen möglich waren und eine gewisse Ruhe eintritt, sollten Sie sich den Text des Märchens besorgen. Es ist gut möglich, dass Sie sich jetzt sogar wieder an das Aussehen Ihres Märchenbuchs und an bestimmte Illustrationen darin erinnern. Wenn Sie Ihr altes Märchenbuch noch besitzen, werden Sie darüber glücklich sein. Vielleicht können Sie sich auch eine entsprechende Ausgabe oder eine ähnliche besorgen.

Wenn Sie dann Ihr Schlüsselmärchen im Originaltext lesen, werden Sie vermutlich überrascht sein. Jetzt können Sie tiefer in die Entdeckung Ihres Märchens eindringen, indem Sie Ihre Erinnerung mit dem tatsächlichen Text vergleichen.

Natürlich ist interessant, was Sie in welcher Reihenfolge erinnert haben, denn was zuerst kam, war Ihnen (als Kind oder jetzt) besonders wichtig. Interessant ist natürlich auch, was und was nicht Sie erinnert haben. Und es ist noch viel interessanter, was Sie erinnert haben, obwohl es im Original gar nicht oder so nicht vorkommt.

Der Vergleich Ihrer Erinnerung und des Originaltextes bietet viele Anhaltspunkte für eine tiefer gehende Begegnung. Besonders dort, wo es verschiedene Versionen gibt, hat Ihr inneres Kind Ihnen viel zu erzählen.

Und schließlich gibt es dann noch den einen Satz, den Sie auf einen Zettel geschrieben haben. Dieser eine Satz beschreibt ein Leitmotiv, vermutlich auch ein Leidmotiv.

Wenn Sie »Dornröschen«
auf diese Weise begegnen
wollen, dann müssen Sie
dieses Büchlein jetzt
zunächst aus der Hand
legen, denn es folgt der
Märchentext.
Am Ende des Buchs
werden weitere Formen
der Begegnung vorge-
stellt.

Vorzeiten war ein König und eine Königin, die sprachen jeden Tag: »Ach, wenn wir doch ein Kind hätten!«, und kriegten immer keins. Da trug sich zu, als die Königin einmal im Bade saß, daß ein Frosch aus dem Wasser ans Land kroch und zu ihr sprach: »Dein Wunsch wird erfüllt werden, ehe ein Jahr vergeht, wirst du eine Tochter zur Welt bringen.« Was der Frosch gesagt hatte, das geschah, und die Königin gebar ein Mädchen, das war so schön, daß der König vor Freude sich nicht zu lassen wußte und ein großes Fest anstellte. Er ladete nicht bloß seine Verwandte, Freunde und Bekannte, sondern auch die weisen Frauen dazu ein, damit sie dem Kind hold und gewogen wären. Es waren ihrer dreizehn in seinem Reiche, weil er aber nur zwölf goldene Teller hatte, von welchen sie essen sollten, so mußte eine von ihnen daheim bleiben. Das Fest ward mit aller Pracht gefeiert, und als es zu Ende war, beschenkten die weisen Frauen das Kind mit ihren Wundergaben: die eine mit Tugend, die andere mit Schönheit, die dritte mit Reichtum, und so mit allem, was auf der Welt zu wünschen ist. Als elfe ihre Sprüche eben getan hatten, trat plötzlich die dreizehnte herein. Sie wollte sich dafür rächen, daß sie nicht eingeladen war, und ohne jemand zu grüßen oder nur anzusehen, rief sie mit lauter Stimme: »Die Königstochter

Dies ist die Fassung von 1857, der letzten, die von Wilhelm Grimm bearbeitet wurde. Diese Version der Grimmschen Märchen wird allgemein verbreitet, doch sie ist das Endergebnis eines langen Prozesses. Jacob Grimm, der beim Sammeln der Märchen und bei der ersten Ausgabe noch stark mit wissenschaftlichem Interesse engagiert war, hatte sich längst aus dem Projekt zurückgezogen und anderen Aufgaben zugewandt, und der mehr kreativ orientierte Bruder Wilhelm machte sich das Projekt zu eigen. Der große Erfolg der ersten Ausgabe der soll sich in ihrem funfzehnten Jahr an einer Spindel stechen und tot hinfallen.« Und ohne ein Wort weiter zu sprechen, kehrte sie sich um und verließ den Saal. Alle waren erschrocken, da trat die zwölfte hervor, die ihren Wunsch noch übrig hatte, und weil sie den bösen Spruch nicht aufheben, sondern nur ihn mildern konnte, so sagte sie: »Es soll aber kein Tod sein, sondern ein hundertjähriger tiefer Schlaf, in welchen die Königstochter fällt.«

»Kinder- und Hausmärchen« war ja ganz unerwartet gekommen. Die Sammlung traf den Nerv der Zeit, wie es literarische Werke nur ganz selten mal tun. Immer wieder neue Ausgaben wurden veranstaltet, und Wilhelm Grimm hat die Märchensammlung jedes Mal mehr dem Publikumsgeschmack genähert. Manches ist dabei unter den Tisch gefallen. Doch wir müssen auch anerkennen, dass seine Überarbeitungen den ursprünglich gesammelten, mündlich überlieferten Stoff literarisch oft verfeinert und verdichtet hat.

Der König, der sein liebes Kind vor dem Unglück gern bewahren wollte, ließ den Befehl ausgehen, daß alle Spindeln im ganzen Königreiche verbrannt werden. An dem Mädchen aber wurden die Gaben der weisen Frauen sämtlich erfüllt, denn es war so schön, sittsam, freundlich und verständig, daß es jedermann, der es ansah, lieb haben mußte. Es geschah, daß an dem Tage, wo es gerade funfzehn Jahr alt ward, der König und die Königin nicht zu Haus waren, und das Mädchen ganz allein im Schloß zurückblieb. Da ging es allerorten herum, besah Stuben und Kammern, wie es Lust hatte, und kam endlich auch an einen alten Turm. Es stieg die enge Wendeltreppe hinauf, und gelangte zu einer kleinen Türe. In dem Schloß steckte ein verrosteter Schlüssel, und als es umdrehte, sprang die Türe auf, und saß da in einem kleinen Stübchen eine alte Frau mit einer Spindel und spann emsig ihren Flachs. »Guten Tag, du altes Mütterchen«, sprach die Königstochter, »was machst du da?« »Ich spinne«, sagte die Alte und nickte mit dem Kopf. »Was ist das für ein Ding, das so lustig herumspringt?« sprach das Mädchen, nahm die Spindel und wollte auch spinnen. Kaum hatte sie aber die Spindel angerührt, so ging der Zauberspruch in Erfüllung, und sie stach sich damit in den Finger.

In dem Augenblick aber, wo sie den Stich empfand, fiel sie auf das Bett nieder das da stand, und lag in einem tiefen Schlaf. Und dieser Schlaf verbreite sich über das ganze Schloß: der König und die Königin, die eben heimgekommen waren und in den Saal getreten waren, fingen an einzuschlafen und der ganze Hofstaat mit ihnen. Da schliefen auch die Pferde im Stall, die Hunde im Hofe, die Tauben auf dem Dache, die Fliegen an der Wand, ja, das Feuer, das auf dem Herde flackerte, ward still und schlief ein, und der Braten hörte auf zu brutzeln, und der Koch, der den Küchenjungen, weil er etwas versehen hatte, in den Haaren ziehen wollte, ließ ihn los und schlief. Und der Wind legt sich, und auf den Bäumen vor dem Schloß regte sich kein Blättchen mehr.

Rings um das Schloß aber begann eine Dornenhecke zu wachsen, die jedes Jahr höher ward, und endlich das ganze Schloß umzog und darüber hinauswuchs, daß gar nichts mehr davon zu sehen war, selbst nicht die Fahne auf den Dach. Es ging aber die Sage in dem Land von dem schönen schlafenden Dornröschen, denn so ward die Königstochter genannt, also daß von Zeit zu Zeit Königssöhne kamen und durch die Hecke in das Schloß dringen wollten. Es war ihnen aber nicht möglich, denn die Dornen, als hätten sie Hände, hielten fest zusammen, und die Jünglinge blieben darin hängen, konnten sich nicht wieder losmachen und starben eines jämmerlichen Todes. Nach langen, langen Jahren kam wieder einmal ein Königssohn in das Land, und hörte, wie ein alter Mann von der Dornenhecke erzählte, es sollte ein Schloß dahinter stehen, in welchem eine wunderschöne Königstochter, Dornröschen genannt, schon seit hundert Jahren schliefe, und mit ihr schliefe der König und die Königin und der ganze Hofstaat. Er wußte auch von seinem Großvater, daß schon viele Königssöhne gekommen wären und versucht hätten, durch die Dornenhecke zu dringen, aber sie wären darin hängengeblieben und eines traurigen Todes gestorben. Da sprach der Jüngling: »Ich fürchte mich nicht, ich will hinaus und das schöne Dornröschen sehen.« Der gute Alte mochte ihm abraten, wie er wollte, er hörte nicht auf seine Worte.

Nun waren aber gerade die hundert Jahre verflossen, und der Tag war gekommen, wo Dornröschen wieder erwachen sollte. Als der Königssohn sich der Dornenhecke näherte, waren es lauter große schöne Blumen, die taten sich von selbst auseinander und ließen ihn unbeschädigt hindurch, und hinter ihm taten sie sich wieder als Hecke zusammen. Im Schloßhof sah er die Pferde und scheckigen Jagdhunde liegen und schlafen, auf dem Dache saßen die Tauben und hatten das Köpfchen unter den Flügel gesteckt. Und als er ins Haus kam, schliefen die Fliegen an der Wand, der Koch in der Küche hielt noch die Hand, als wollte er den Jungen anpacken, und die Magd saß vor dem schwarzen Huhn, das sollte gerupft werden. Da ging er weiter und sah im Saale den ganzen Hofstaat liegen und schlafen, und oben bei dem Throne lag der König und die Königin. Da ging er noch weiter, und alles war so still, daß einer seinen Atem hören konnte, und endlich kam er zu dem Turm und öffnete die Türe zu der kleinen Stube, in welcher Dornröschen schlief. Da lag es und war so schön, daß er die Augen nicht abwenden konnte, und er bückte sich und gab ihm einen Kuß. Wie er es mit dem Kuß berührt hatte, schlug Dornröschen die Augen auf, erwachte, und blickte ihn ganz freundlich an. Da gingen sie zusammen herab, und der König erwachte und die Königin und der ganze Hofstaat, und sahen einander mit großen Augen an. Und die Pferde im Hof standen auf und rüttelten sich; die Jagdhunde sprangen und wedelten; die Tauben auf dem Dache zogen das Köpfchen unterm Flügel hervor, sahen umher und flogen ins Feld; die Fliegen an den Wänden krochen weiter; das Feuer in der Küche erhob sich, flackerte und kochte das Essen; der Braten fing wieder an zu brutzeln; und der Koch gab dem Jungen eine Ohrfeige, daß er schrie; und die Magd rupfte das Huhn fertig. Und da wurde die Hochzeit des Königssohns mit dem Dornröschen in aller Pracht gefeiert, und sie lebten vergnügt bis an ihr Ende.

Ein König und eine Königin kriegten gar keine Kinder, und hätten ſo gern eins gehabt. Einmal ſaß die Königin im Bade, da kroch ein Krebs aus dem Waſſer ans Land und ſprach: „dein Wunſch wird bald erfüllt werden und du wirſt eine Tochter zur Welt bringen.“ Das traf auch ein, und der König war ſo erfreut über die Geburt der Prinzeſſin, daß er ein großes Feſt anſtellen ließ, und dazu lud er auch die Feen ein, die im Lande waren; weil er nur zwölf goldene Teller hatte, konnte er eine nicht einladen. Es waren ihrer nämlich dreizehn. Die Feen kamen zu dem Feſt und beſchenkten das Kind am Ende deſſelben, die eine mit Tugend, die zweite mit Schönheit und ſo die andern mit allem, was nur auf der Welt herrlich und zu wünſchen war; wie aber eben die elfte ihr Geſchenk geſagt hatte, trat die dreizehnte herein, recht zornig, daß ſie nicht war eingeladen worden und rief: „weil ihr mich nicht gebeten, ſo ſage ich euch, daß eure Tochter in ihrem funfzehnten Jahre an einer Spindel ſich ſtechen und todt hinfallen wird.“ Die Eltern erſchracken, aber die zwölfte Fee hatte noch einen Wunſch zu thun, da ſprach ſie: „es ſoll aber kein Tod ſeyn, ſie ſoll nur hundert Jahre in einen tiefen Schlaf fallen.“

Der König hoffte immer noch ſein liebes Kind zu erretten, und ließ den Befehl ausgehen, daß alle Spindeln im ganzen Königreich ſollten abgeſchafft werden. Die Prinzeſſin aber wuchs heran, und war ein Wunder von Schönheit. Eines Tags, als ſie ihr funfzehntes Jahr eben erreicht hatte, war der König und die Königin ausgegangen, und ſie ganz allein im Schloß, da ging ſie aller Orten herum nach ihrer Luſt, endlich kam ſie auch an einen alten Thurm. Eine enge Treppe führte dazu,

Dies ist die Textfassung der Erstausgabe. Davor stand die Sammelphase mit handschriftlichen Notizen. Die Brüder Grimm sind über Land gefahren und haben sich von Märchenerzählern Märchen erzählen lassen. Das Gehörte haben sie dann aus dem Gedächtnis niedergeschrieben und später ausgearbeitet. Vermutlich haben sie zu einzel-

und da sie neugierig war, stieg sie hinauf und gelangte zu einer kleinen Thüre, darin steckte ein gelber Schlüssel, den drehte sie um, da sprang die Thüre auf und sie war in einem kleinen Stübchen, darin saß eine alte Frau und spann ihren Flachs. Die alte Frau gefiel ihr wohl, und sie machte Scherz mit ihr und sagte, sie wollte auch einmal spinnen, und nahm ihr die Spindel aus der Hand. Kaum aber hatte sie die Spindel angerührt, so stach sie sich damit, und alsbald fiel sie nieder in einen tiefen Schlaf. In dem Augenblick kam der König mit dem ganzen Hofstaat zurück, und da fing alles an einzuschlafen, die Pferde in den Ställen, die Tauben auf dem Dach, die Hunde im Hof, die Fliegen an den Wänden, ja das Feuer, das auf dem Heerde flackerte, ward still und schlief ein, und der Braten hörte auf zu brutzeln, und der Koch ließ den Küchenjungen los, den er an den Haaren ziehen wollte, und die Magd ließ das Huhn fallen, das sie rupfte, und schlief, und um das ganze Schloß zog sich eine Dornhecke hoch und immer höher, so daß man gar nichts mehr davon sah.

Prinzen, die von dem schönen Dornröschen gehört hatten, kamen und wollten es befreien, aber sie konnten durch die Hecke nicht hindurch dringen, es war als hielten sich die Dornen fest wie an Händen zusammen, und sie blieben darin hängen und kamen jämmerlich um. So währte das lange, lange Jahre: da zog einmal ein Königssohn durch das Land, dem erzählte ein alter Mann davon, man glaube, daß hinter der Dornhecke ein Schloß stehe, und eine wunderschöne Prinzessin schlafe darin mit ihrem ganzen Hofstaat; sein Großvater habe ihm gesagt, daß sonst viele Prinzen gekommen wären und hätten hindurchdringen

nen Märchen von verschiedenen Erzählern verschiedene Versionen gehört. Gute Erzähler kannten die Texte so genau, dass sie auch bei einer Wiederholung kaum ein Wort anders sprachen. Doch von Erzähler zu Erzähler, von Region zu Region variierten die Texte. Wir können das heute noch nachvollziehen, weil ähnliche Motive in verschiedenen Märchen vorkommen.

wollen, sie wären aber in den Dornen hängen geblieben und todtgestochen worden. „Das soll mich nicht schrecken, sagte der Königssohn, ich will durch die Hecke dringen und das schöne Dornröschen befreien"; da ging er fort, und wie er zu der Dornhecke kam, waren es lauter Blumen, die thaten sich voneinander, und er ging hindurch, und hinter ihm wurden es wieder Dornen. Da kam er ins Schloß, und in dem Hof lagen die Pferde und schliefen und die bunten Jagdhunde, und auf dem Dach saßen die Tauben und hatten ihre Köpfchen in den Flügel gesteckt, und wie er hineinkam, schliefen die Fliegen an den Wänden, und das Feuer in der Kühe, der Koch und die Magd, da ging er weiter, da lag der ganze Hofstaat und schlief, und noch weiter, der König und die Königin; und es war so still, daß einer seinen Athem hörte, da kam er endlich in den alten Thurm, da lag Dornröschen und schlief. Da war der Königssohn so erstaunt über ihre Schönheit, daß er sich bückte und sie küßte, und in dem Augenblick wachte sie auf, und der König und die Königin, und der ganze Hofstaat, und die Pferde und die Hunde, und die Tauben auf dem Dach, und die Fliegen an den Wänden, und das Feuer stand auf und flackerte und kochte das Essen fertig, und der Braten brutzelte fort, und der Koch gab dem Küchenjungen eine Ohrfeige, und die Magd rupfte das Huhn fertig. Da ward die Hochzeit von dem Königssohn mit Dornröschen gefeiert, und sie lebten vergnügt bis an ihr Ende.

Die Königin sitzt im Bade und ein Frosch weissagt ihr, dass sie ein Kind bekommen wird. Ihr Baby wird nach der Geburt von zwölf weisen Frauen des Reichs mit den höchsten Tugenden begabt, aber eine dreizehnte, die vom König Ausgeschlossene, wirft einen Spruch über das unschuldige Kindlein. Der König will das Schicksal abwenden, doch er vermag es natürlich nicht, und zur vorbestimmten Stunde verfällt Dornröschen in Schlaf und mit ihr das ganze Reich. Hundert Jahre. Bis der Kuss des Auserwählten sie erweckt. Eine Liebesgeschichte?

Dornröschen ist ein ganz besonderes Märchen. Auf der Beliebtheitsskala steht es weit oben. Warum nur? Was fasziniert uns an dieser schlichten Geschichte, in der hauptsächlich geschlafen und wieder aufgewacht wird? Welche subbewussten Schichten rührt es in uns an?

Ouvertüre

Eine geniale Komposition zeichnet sich dadurch aus, dass bereits in der Ouvertüre das Thema des Werks exponiert wird. Der artistische Clou liegt dabei darin, dass der Unterhaltene das nicht bemerkt, gar nicht bemerken kann, weil er das Thema ja noch nicht kennt. So wird er unmerklich eingestimmt auf das, was im nachfolgenden Stück Stück für Stück entwickelt wird. So gesehen ist »Dornröschen« dramaturgisch ein geniales Werk.

Lange Zeit habe ich mich gefragt, was dieser sonderbare Auftakt soll. Das Königspaar wünscht sich vergebens ein Kind. Vermutlich haben sie mehr getan, als nur zu wünschen. Dann sitzt die Königin im Bade und ein Frosch kriecht aus dem Wasser. Mir kam diese erste Szene immer wie angeklebt vor.

Erst nach und nach habe ich erkannt, dass in dieser ersten Szene bereits komprimiert und stilisiert die ganze Dornröschen-Geschichte erzählt wird. Man muss schon jedes einzelne Symbol erkennen und erachten, um diese raffinierte Exposition wirklich wertschätzen zu können.

Wilhelm Grimm, der sein ganzes Leben den Märchen gewidmet hat; der über ein halbes Jahrhundert die »Kinder- und Hausmärchen« zu dem gemacht hat, was sie heute, zwei Jahrhunderte später noch immer und noch entschiedener sind; der mit großem Feingefühl in ein literarisches Gewand gekleidet hat, was bis dahin nur von Mund zu Mund gesprochen wurde; selbst Wilhelm Grimm hat mit diesem Märchenanfang wohl seine liebe Not gehabt, wie es scheint.

Jedenfalls hat er in seiner ersten, handschriftlichen Fassung von 1810 notiert, ein Krebs würde dem Wasser entsteigen und weissagen. Auch in der ersten gedruckten Ausgabe von 1812 heißt es noch so. Bis zur Ausgabe letzter Hand von 1857 ist der Krebs dann aber zum Frosch mutiert. Sind solche Details unbedeutend? Krebs oder Frosch, was macht das schon? Im Märchen wohl eher nicht, wo alles und jedes etwas raunt und jeder Zufall Absicht käut. Was Wilhelm Grimm zu dieser Änderung bewogen hat, darüber können wir nur mutmaßen (was ich später auch tun will). Fahrlässig oder unachtsam hat er sicherlich nicht gehandelt. Dazu hat er viel zu lange an den Märchen gearbeitet.

Unfreiwillig komisch ist das Missverstehen eines Anderen, eines jener ›kritischen‹, auf dem real existierenden materialistischen Boden der Naturwissenschaften stehenden Autors, dessen Name natürlich ungenannt bleiben soll. In seiner historisch aufgeklärten und ›realistischen‹ Betrachtung des Märchens, das er für sich folgerichtig als Verherrlichung des Feudalismus und Unterdrückungsinstrument der Bourgeoisie subsummiert (wie eigentlich in Bausch und Bogen alle Märchen), verwunderte er sich köstlich darob, wie die Königin in der »Badewanne« sitzt und ein Frosch zu ihr spricht. Soviel zur historischen Betrachtung von Träumen, die Märchen auf ihre Art sind, kollektive Träume.*

*Solcherart kurzsichtige Kritik am Märchen kam in der 68-er Bewegung auf und hat bis heute viel Verwirrung hinterlassen. Weil ich selbst dieser Generation angehöre, erlaube ich mir diesen polemischen Spott.

Das Bad meint wörtlich zunächst das Feuchte und das war ein Fluss oder See, in den man sich tauchte. Johannes hat die Taufe auch nicht in der Badewanne vollzogen. Eine Königin mochte dann wohl einen Teich zu ihrer Erfrischung gehabt haben. Und wie man auf alten Gemälden sehen kann, war so ein künstliches, kunstvolles Bad auch schon mal zur Badeanstalt umbaut. Fürstlich war es aber durchaus schon, wenn ein Treppengerüst in den See oder Teich führte und eine Sitzgelegenheit das Bad bequemlich machte.

Über die bloße Reinigung hinaus war das Bad auch mit der Vorstellung von Erneuerung überhöht und ist es noch immer. Sagen wir nach einem erfrischenden Bad nicht gerne: »Ich fühle mich wie neu geboren.« Noch heute sind Bäder Kurorte, in denen wir unsere Gesundheit erneuern. Der Bader, also der Inhaber einer Badestube, war nicht nur Barbier, sondern auch Heilgehilfe: Er schröpfte und ließ zur Ader.

Noch weiter geht die Vorstellung von der heilenden Kraft des Bades im Jungbrunnen, in den die Greisen steigen, um als wieder Junge herauszuspringen. Diese Vorstellung liegt nahe, kommt doch alles Leben aus dem Wasser, alles menschliche Leben aus dem Fruchtwasser. So ist es auch der Teich oder See (»Kindliteich«), in dem die ungeborenen Kinder wohnen, vom Storch herausgezogen und ›ausgeliefert‹ werden.

Das Wort Brunnen (Born) ist etymologisch verwandt mit »brennen« (aufwallen, sieden), worin sich die Vorstellung von der reinigenden Kraft des Feuers* spiegelt. Das brodelnde Kochen, die Verbindung der universellen Gegensätze Feuer und Wasser, ist symbolischer Ausdruck des Allmächtigen, das sich im Märchen in der Figur der Hexe (Frau Holle, Hulda, weise Frau) zeigt, die im Gebräu rührt.

Märchenhaft

»Dornröschen« ist ein ganz besonderes Märchen. Das gilt nicht nur für seine Ouvertüre. Märchen, so wurde weiter oben bereits erläutert, lassen sich in drei Sparten sortieren: Symbiose, Autonomie und Einweihung. Manche Märchen sind Übergangsformen, manche auch Mischformen dieser Kategorien. Doch »Dornröschen« erfüllt alle drei. Vielleicht ist das ein tieferer Grund für seine große Beliebtheit.

Das natürliche Leben wogt in Ebbe und Flut, Schlafen und Wachen, Leben und Tod. Die damit verbundene Vorstellung der Vergänglichkeit macht uns Angst. Die große Mutter Natur schenkt nicht nur reichlich, sondern sie holt am Ende auch heim. Diese Begrenzung des fleischlichen, weltlichen, relativen Lebens sehen wir als Bedrohung, sobald wir sie erkennen können. Da wird dann die immer nur gute nährende Mutter augenblicklich zur bösen, verschlingenden Hexe.

»Dornröschen« zeigt, dass jedem Einschlafen ein Aufwachen folgt. Das Leben ist ein ewiger Kreislauf, an dessen Nahtstelle die alte Frau sitzt und spinnt. Und in diesen Kreislauf ist das Men-

*vgl. »Das junggeglühte Männlein« (KHM 147)

schenkind Dornröschen eingebettet, von diesem Kreislauf wird es getragen. Diese beruhigende Vorstellung vermittelt »Dornröschen«, ohne von Reinkarnation philosophieren zu müssen – was Kinder so auch nicht verstehen würden (und die meisten Erwachsenen auch nicht so recht).

»Dornröschen« erzählt auch von der Autonomie. Behütet und umsorgt wächst Dornröschen heran. Der Vater-König lässt gar alle Spindeln im Reich verbrennen, um seine Tochter zu beschützen. Doch Eltern können nicht immer präsent sein, können das Leben der heranwachsenden Kinder nicht lückenlos überwachen – wenn sie auch wollen.

Irgendeinmal sind die Eltern fort und das Dornröschen-Kind geht auf Erkundungsreise. Es »besah Stuben und Kammern, wie es Lust hatte, und kam endlich auch an einen alten Turm.« Dornröschen tritt hinaus in die Autonomie, setzt sich der Gefahr des Lebens aus, weil es gar nicht anders kann, und diese Gefahr heißt Tod. Und doch endet dieser gefährliche, von den Eltern so gefürchtete Schritt (zunächst) mit der Hochzeit, also mit dem Neubeginn des Lebens.

Und »Dornröschen« ist auch Einweihung. Einweihung in das Mysterium des Lebens im Allgemeinen, also das ewige und schicksalhafte Werden und Vergehen. Einweihung aber auch ins Alltägliche, in das endlos mystische Spiel von Mann und Frau, das im Symbol des Kusses das gesamte Geheimnis der Schöpfung erfasst.

»Dornröschen« ist aber nicht nur thematisch universell, es fällt auch dramatisch aus der Reihe. Der übliche Handlungsverlauf eines Märchens sieht drei Phasen vor. Zunächst wird eine Notsituation beschrieben, dann durchläuft der Protagonist eine Entwicklung, die sogenannte Suchwanderung, und schließlich wird die Not aufgelöst, am Ende steht die Erlösung.

Wie schon angedeutet, durchläuft die Ouvertüre diesen Spannungsbogen vorab. Die Notsituation ist die Kinderlosigkeit des Ehepaars; die Entwicklung wird durch das Bad der Königin und die Weissagung des Krebses angedeutet; und die Erlösung ist, dass sie tatsächlich schwanger wird.

Aus dieser Schwangerschaft entwickelt sich nun aber die neue Notsituation, weil der König nur zwölf goldene Teller hat. Eine der dreizehn weisen Frauen des Reichs wird nicht eingeladen, erscheint aber trotzdem und wünscht dem Baby, dass es sich mit fünfzehn Jahren an einer Spindel stechen und tot hinfallen soll. Die zwölfte weise Frau, deren Begabungswunsch noch aussteht, wandelt diesen ›Fluch‹, dass es kein Tod sondern ein hundertjähriger Schlaf sei.

Eine Suchwanderung im üblichen Sinne schließt sich nun aber nicht an. Der König lässt alle Spindeln verbrennen, doch als Dornröschen fünfzehn Jahre ist, findet sich in einem Turm eine alte Frau, um den Spruch zu erfüllen. Dornröschen sticht sich und fällt wie tot hin, um hundert Jahre zu schlafen. Es erfährt seine Suchwanderung also im Schlaf.

Diesen Mangel an Suchwanderung muss auch Wilhelm Grimm empfunden haben. In der handschriftlichen Fassung von 1810 heißt es noch ganz lapidar: »... [Dornröschen] fiel alsbald in einen tiefen Schlaf. Da auch in dem Augenblick der König und der Hofstaat zurückgekommen war, so fing alles im Schloss an zu schlafen, bis auf die Fliegen an den Wänden.« Bis hin zur letzten Fassung hat er diese Passage ausgemalt, und obwohl das der Gattung Märchen an sich nicht ansteht, gefällt es uns, weil seine ›Pinselstriche‹ so gekonnt sind und der scheinbar dramatischen Situation des Scheintods ein stilles Schmunzeln entlocken. Dabei fühlt der erwachsene Leser tief im Innersten seines Herzens, dass dieses wissende Schmunzeln die beste aller möglichen Reaktionen auf die Situation ist, in der sich Dornröschen befindet.

Dornröschens Suchwanderung besteht also nur aus wenigen Schritten durch das Schloss und den Turm hinauf, gerade genug, um die Notsituation zu erfüllen. Der andere Teil der Suchwanderung wird draußen vollzogen von vielen Prinzen, die zur schlafenden Schönen vorzudringen versuchen, das aber mit dem Leben bezahlen müssen. Bis dann endlich und zur rechten Zeit der Eine kommt, dem sich der Zugang blühend und wie von selbst eröffnet, der den wenigen Schritten des Dornröschens nachfolgt den Turm hinauf, bis in die Kammer, und der sie durch einen Kuss erlöst.

Der König

»...die Königin gebar ein Mädchen, das war so schön, daß der König vor Freude sich nicht zu lassen wußte und ein großes Fest anstellte.«

König und Königin werden im Märchen nicht als Repräsentanten eines politischen Systems gesehen, wie es manch vordergründige Kritik gerne missversteht. Solche Hinter- beziehungsweise Vordergründe sind der (kindlichen) Seele ohnehin völlig fremd. Das Wort wird hier ganz wörtlich genommen. Und es leitet sich etymologisch von »können« her, was inhaltlich mit »vermögen« verwandt ist.

Im Märchen sind König und Königin gewöhnlich durchsichtige Metaphern für Vater und Mutter. Deshalb ist es auch nicht verwunderlich, dass es im Märchen arme, unvermögende Könige gibt oder die Königin ganz alltägliche Arbeiten verrichtet wie Äpfelschälen zum Beispiel.

Aus der Sicht des Kindes sind die Eltern omnipotent. Der König, der väterliche Aspekt, steht für die ordnende Kraft, das Gesetz, die Vernunft und das Über-Ich. Er ist der Verweser des Lebens auf Erden. Die Königin, der mütterliche Aspekt, steht für das behütende Wesen, die Burg, den göttlichen Strom, die Seele und das Unbewusste. Sie ist die Trägerin des irdischen Lebens. König und Königin kommen zusammen, vereinigen sich, um das Leben auf der Erde, ihrem Reich, zu vermehren und zu ordnen, also zu bereichern.

Nun, in diesem Märchen klappt es mit der Bereicherung nicht so recht. Die beiden wollen wohl gerne ein Kind haben, bekommen aber keins. Das Leben ist ins Stocken geraten, wird dadurch verbildlicht, es gibt keine Entfaltung, keine Erneuerung mehr. Warum ist das so? Was fehlt diesem Königspaar, diesem Reich, das sie repräsentieren, dem doch anscheinend sonst an nichts mangelt? Wir werden sehen.

Die Prophezeiung des Krebses (Frosches) erfüllt sich und die Königin bringt ein Mädchen zur Welt. So schön ist es, dass der Vater-König ganz außer sich vor Freude ein großes Fest veranstaltet. Und dazu lädt er nicht nur »Verwandte, Freunde und Bekannte, sondern auch die weisen Frauen« ein.

Doch dabei zeigt sich ein Problem. Auf dem Fest sollen die weisen Frauen gebührlich von goldenen Tellern essen. Dreizehn weise Frauen gibt es im Reich, doch der König besitzt nur zwölf goldene Teller. Und genau darin verbirgt sich der Mangel. Der König lädt nämlich die dreizehnte weise Frau nicht zum Tauffest ein. Was ist das für ein König, der nicht in der Lage wäre, einen dreizehnten goldenen Teller zu beschaffen? Nein, er kommt gar nicht auf die Idee. Sein Denken ist auf zwölf beschränkt. Bewusst oder unbewusst möchte er die Dreizehn aus seinem Reich verbannen. Warum nur?

Die Macht der Dreizehn

Dieses Märchen erzählt, dass im Reich des Königs dreizehn weise Frauen leben und dass es nicht möglich ist, auch nur eine davon auszuschließen, so sehr der weltlich herrschende König das auch versuchen mag. Was verbirgt sich hinter dieser Symbolik?

Die weise Frau ist, wäre dem Weiblichen nicht wesentlich alles Hierarchische fremd, Statthalterin der Großen Mutter. Sie lebt das Atmen der Natur, empfängt und gebiert, weiß aber auch um Vergehen und Sterben. Ihre Zeit ist die Nacht; ihr Wesen die Seele; ihr Rhythmus der Mond.

Ursprünglich ist Dreizehn die Zahl der Vollkommenheit. Der weibliche Zyklus des Mondes ist der einzige direkt aus der Erfahrung zählbare Zeitrhythmus. 28 Tage hat ein Monat, ein Mondzyklus. Und dreizehn mal 28 Tage vollenden das Mondjahr.

Doch dieses matriarchale Mondjahr hat einen praktischen Schönheitsfehler, denn es zählt nur 364 Tage. Jahr für Jahr verschob sich deshalb die Zählung im Verhältnis zu den von der (männlichen) Sonne diktierten Jahreszeiten. Man hätte diesen Mangel zwar ebenso gut mit einem Schalttag ausgleichen können, wie den Mangel des männlichen 365-Tage-Jahres, doch Julius Caesar, der Diktator des modernen Kalenders, nutzte die Gelegenheit, um einen weiteren Baustein in die Ablösung des Matriarchats einzufügen, indem er die ›unpraktische‹ Dreizehn durch die ›heilige‹ Zwölf ersetzte. Man bedenke, dass im alten Rom der Mann, der *pater familiae,* zuhause nichts zu melden hatte, denn dort herrschte noch immer uneingeschränkt die *mater familiae,* die Frau. Der Mann durfte sich allein im Draußen austoben. Doch diese Chance hat er weidlich genutzt, wie wir sehen.

Die Dreizehn ist also älter als die Zwölf. Dreizehn ist die Zahl der Vollkommenheit (des Jahres) und damit zunächst eine Glückszahl. Sie ist eng mit der Drei verbunden, denn die Einheit und die Dreiheit verbinden sich in ihr. Ihre Quersumme ist die irdische Vier. Die Dreizehn gliedert sich in drei Gruppen: elf (die Verdoppelung der Eins, der Einheit) Gestalten für das Gute, eine für das Böse und die letzte für das Sinngebende. Genau in dieser Konstellation finden wir es in »Dornröschen« wieder. Elf weise Frauen schütten ihre Begabungen über das Baby aus, eine verflucht es und die Letzte gibt dem Ganzen Sinn.

Das Dreizehnte ist somit das Unbewegliche, die Nahtstelle im Kreislauf von Gut und Böse. Und genau um diese Nahtstelle geht es ja in diesem Märchen. Die Dreizehn ist Mittelpunkt und Ganzheit der Zwölf. Jesus hatte zwölf Jünger, war also selbst der Dreizehnte. Der Adept durchläuft zwölf Grade der Wandlung, gerne durch zwölf wechselnde Gewänder verbildlicht, und das dreizehnte Gewand markiert die höchste, endgültige Stufe, das mystische Ziel, die Er- und Auflösung. Dabei ist die dreizehnte Stufe ohne die vorhergehenden zwölf nicht denkbar, begreift sie in sich ein, ist ihre zusammenfassende Erhöhung. Die Dreizehn ist die Zwölf als ein Ganzes.*

Mit dem rational diktierten Übergang vom Matriarchat zum Patriarchat wurden viele alte Symbole umdefiniert. Die Dreizehn gehört dazu. Ursprünglich eine Zahl der Vollendung, eine Glücks-

*vgl. Bonin, Felix von: Kleines Handlexikon zur Märchen-Symbolik. Stuttgart (Kreuz) 2001.

zahl, wurde sie zur bösen Zahl, zum Unglücksboten. Ebenso die Große Mutter, die hegende Frau (Hexe), die zum gefährlichen, bedrohlichen Weib wurde, das mit dem Teufel, der Personifizierung des Bösen, dem Erzfeind im Bunde steht. Es ist deshalb insoweit stimmig, dass die Frauenbewegung die Hexe wiederentdeckt hat. Weil die erfolgten Umdeutungen aber Spuren im gesellschaftlichen Bewusstsein hinterlassen haben, schien es nötig, den Begriff »weiße Hexe« zu schaffen, womit indirekt eingeräumt wird, dass es auch ›schwarze‹ gegeben hat oder gibt. Nun ja. würde die Frauenbewegung eine symbolische Zahl* suchen, dann müsste es die Dreizehn sein.

Aus systematischer, männlicher Sicht ist der julianische Kalender mit seinen willkürlich wechselnden Monatstagen eigentlich ein Fiasko. Die matriarchalen dreizehn mal 28 Tage sind da viel ›männlicher‹, und den fehlenden 365-sten Tag hätte man fröhlich zum feuchten Feiertag für die große nährende Mutter deklarieren können. Doch abgesehen von allem emotionalen männlichen Protest gegen solch eine matriarchale Restauration, wie würden wohl die fiskalischen Erbsenzähler reagieren, raubte man ihnen ihr geheiligtes Quartal?

Dreizehn ist eine Primzahl und somit an sich unverwundbar, unteilbar, unantastbar. Die Zwölf hingegen hat den männerpraktischen Vorteil, sich in Hälften, Drittel und Viertel spalten zu lassen. Die Zwölf ergibt sich obendrein aus Multiplikation der göttlichen Drei mit der weltlichen Vier. Darin ist sie

*Und Rumpelstilzchen (s. Bd. 13 d. Reihe) böte sich als Maskottchen an.

der Sieben verwand, die Summe aus Drei und Vier ist. Zwölf und Sieben sind deshalb nach solcher Betrachtung beides heilige Zahlen.

Zwölf ist die Basis des Duodezimalsystems, das z. B. die Babylonier verwendet haben. Weil wir nun mal aber zehn Finger an unseren Händen zählen, hat sich dieses an sich recht praktische System nicht langfristig durchgesetzt, ist aber bis heute im Dutzend (Duozehnt) noch immer allgegenwärtig. Zwölfteilig sind Besteck und Geschirr; bis heute hat im ach so modernen US-Amerika ein *foot* zwölf *inches*; noch immer haben Tag und Nacht zwölf Stunden; und zwölf Monate hat auch das Jahr.

Genau diesen Übergang von der weiblichen Dreizehn zur männlichen Zwölf thematisiert »Dornröschen« als Mangel. Der König weiß wohl, dass sein Reich von dreizehn weisen Frauen belebt wird, doch er mag nur zwölf davon einladen – um selbst die Dreizehn auszufüllen? Das geht nicht gut. Der König möchte das Weibliche aus seinem (Herrschaftsbe-) Reich ausschließen, wegrationalisieren oder doch zumindest unter seine hoheitliche Kontrolle bringen. Hat er denn nicht verstanden, dass dieser Versuch ursächlich für sein Fortpflanzungsproblem verantwortlich ist? Und erleben wir heute nicht genau das Gleiche, dass nämlich die männliche Strategie, die Welt zu durchpflügen, aufzuwühlen und auszuplündern, die nährenden weiblichen Kräfte so sehr erschöpft und korrumpiert hat, dass uns die Lebensenergie* mehr und mehr abhanden kommt?

*vgl. Kieser, Günter: Atem, Wasser, Klang. Lebensenergie schöpfen. Ahlerstedt (Param) 2002.

Tagespraktisch mag das heutige Dezimalsystem vielleicht sein. Wirklich lebensnah ist es jedoch nicht, wie die modernste Entwicklung längst gezeigt hat. Die Computertechnik basiert auf dem Dual- und ihrer großen Schwester, dem Hexadezimalsystem. Ersteres hat sich früher noch als das Dezimal- oder Duodezimalsystem in der asiatischen Tradition manifestiert, zum Beispiel im »I Ging«, dem Buch der Wandlungen. Die gesamte physische Schöpfung beruht auf der Polarität oder Dualität (männlich/weiblich), also der Zwei und ihren Potenzen.

Zahlensysteme sind also auch, wie sich zeigt, Ausdruck von Herrschaftsideologie. Dabei ist jede Basiszahl, die durch Zwei teilbar ist, also zum Beispiel Zwei, Acht, Zehn, Zwölf oder Sechzehn männlich praktisch. Die Dreizehn tanzt dabei völlig chaotisch, emotional und revolutionär unangepasst aus der Reihe. Sie ist rechnerisch gänzlich unpraktisch, sträubt sich rebellisch gegen jede Herrschaftsideologie und verspricht einen Zauber nur, wenn man bereit ist, mit dem ernsthaften Rechnen aufzuhören und die Zahlen spielen zu lassen: 13 mal 13 sind 169, Quersumme 16; 13 mal 12 ergibt 156, Quersumme 12; und 13 mal 7 gleich 91, Quersumme 10. Mit welcher heiligen Zahl (13, 12, 7) man 13 auch (vermählt) multipliziert, die Quersumme, also die Essenz des Ergebnisses ist immer eine männlich praktische Zahl (16, 12, 10).

Nur zwölf goldene Teller zu haben, ist der plumpe Vorwand, die dreizehnte weise Frau nicht einzuladen. Doch so schlicht lässt sich die Natur nicht in männlich konstruierte Schranken verweisen – wie wir ja in den Tagesnachrichten laufend erfahren können. Die Natur bricht sich ihre Bahn schließlich gegen jeden männlich-menschlichen Damm. Deshalb erscheint die Dreizehnte auch ungeladen auf dem Tauffest und ruft mit lauter, unbeugsamer Stimme, dass die (mutter-) göttlichen Gesetze von Werden und Vergehen von keinem (männer-) weltlichen König außer Kraft gesetzt werden können.

Die männliche Gesellschaft ist schockiert und verängstigt. Der Vater-König erlässt Spindel-Gesetze, so gut er denn kann. Die Zeit geht dahin und mit ihr das Erinnern. Doch wie es dann endlich soweit ist, denken weder König noch Königin an den dreizehnten Spruch und sein Datum. Unbedarft gehen sie aus und belassen Dornröschen allein im Schloss, obwohl es doch gerade der Tag ist, an dem ihre Tochter Geburtstag hat und das magische Alter vollendet, die Erfüllung des dreizehnten Spruchs ansteht. Wie können sie nur? Ja, sie können nicht anders, sie müssen, weil die Macht der Natur, das weibliche Fließen sich unbeugsam seinen Weg bahnt.

Die Erweckung des Weiblichen

Keine irdische Kraft kann das göttliche Wirken aufhalten. Im irdischen Reich des Königs ist eine Hemmung aufgetreten: Es stellt sich kein Nachwuchs, keine Erneuerung ein. Die Königin steigt ins (weibliche) Bad und der Krebs verkündet die Aufhebung der Hemmung, die Wiedererweckung des Weiblichen.

Das Weibliche kommt zurück in Form eines Kindes. Im Kind wird immer Erneuerung gesehen. Die Königin bringt ein Mädchen zur Welt. Und der König sei gelobt, dass er sich darüber freut, so sehr, dass er ein großes Fest veranstaltet. Darin ist Hoffnung, gibt es doch auch Könige, die so sehr aus dem Gleichgewicht geraten sind, dass sie allein männlichen Nachwuchs wünschen und willkommen heißen. Der König in diesem Märchen ist also für die Erlösung offen, die aus dem Weiblichen kommt.

Überhaupt scheint es so, als ob nicht der offensichtliche Protagonist dieses Märchens, Dornröschen, eine Suchwanderung zu durchlaufen hat, sondern eher seine Eltern, der König und die Königin als Repräsentanten des Reichs, also der gesellschaftlichen Ordnung, wobei deren aktiver Beitrag wesentlich darin besteht, im entscheidenden Moment abwesend zu sein, also den Lauf der Dinge geschehen zu lassen.

Das weibliche Element ist reduziert, wurde ausgesperrt oder hat sonst wie gefehlt und das Leben ist ins Stocken geraten. Jetzt kommt es in Gestalt des Kindes Dornröschen ins Reich, in den Lebensbereich zurück. Der König freut sich darüber, doch er mag das Weibliche (in Gestalt der Dreizehn) noch nicht wirklich einladen. Er möchte ›sein‹ Dornröschen davon fernhalten, die Erweckung des Weiblichen zu begehen und zu vollenden. Er möchte es ganz für sich behalten.

Unter dem Vorwand, nur auf zwölf (Teller) vorbereitet zu sein, will er die Dreizehn (das Symbol der Weiblichkeit) ausschließen. Doch das geht natürlich nicht gut. Die dreizehnte weise Frau erscheint wie ein Naturereignis auf dem erlauchten Fest und sagt, was sie sagen muss: dass das Leben endlich ist und dass kein Mann das ändern kann. Allein die Frau hat die Macht, durch ihr Gebähren die Nahtstelle zwischen Leben und Tod zu überbrücken und dadurch den Erhalt des Lebens zu sichern. Und genau das ist, was der Erdenkönig nicht hören mag. Denn er möchte doch so gerne Herr über Tod *und* Leben sein.

Der König ist weder dumm noch böse. Er errichtet seine männliche Ordnung, um für die Seinen zu sorgen. Nur schießt er dabei zu gern über das Maß hinaus und reduziert so das weibliche Element bis zur Erstarrung. Er ist ganz männlich bemüht, die Unbillen des Lebens von seinem Reich so fern wie möglich zu halten. Wenn er also hört, seine Tochter soll sich an einer Spindel stechen und tot hinfallen, so erlässt er, weil er nicht mehr vermag, dass alle Spindeln zu verbrennen seien. Das ist die Ebene seines Handelns, seines Vermögens.

Er will nicht wahr haben, dass er durch Beeinflussung äußerer Faktoren nie Vollkommenheit, nie hundert Prozent Wirkungsgrad erreichen kann. Alle Wassermoleküle eines Sees so zu kontrollieren, dass eine tragenden Welle entsteht, ist unmöglich. Auf dem Fluss des Lebens kann nur erfolgreich segeln, wer sich vertrauensvoll den chaotischen Strömungen hingibt, und ihre Angebote wachsam und flexibel nutzt. Gegen den Strom schwimmen kann selbst der Stärkste nur eine begrenzte Zeit.

Alle Spindeln im ganzen Reich sind dem Edikt des Königs folgend verbrannt, doch eine einzige, die eine entscheidende, ist noch immer und wie immer im Besitz der alten Frau im Turm. Der weltliche König hat über diese eine ewige Spindel einfach keine Macht. Hätte der König seine Königin um Rat gefragt, hätte sie ihm das gesagt.

Die Erweckung des Weiblichen, einmal begonnen, ist nicht aufzuhalten. Es ist das Spiel des Pendels. Der Mann, immer eifrig bemüht und geschäftig, zieht das Pendel auf seine Seite. Doch je mehr er es an sich und damit aus dem Gleichgewicht zieht, desto schwerer wird sein Gewicht und um so größer der potenzielle Druck. Dann ist es nur eine Frage der Zeit und des Anlasses, das »Fass zum Überlaufen zu bringen«, und das Pendel schlägt zurück. Wie weit ist das Pendel schon aus dem Gleichgewicht und wie lange noch können wir daran ziehen?

Der Turm

Die Eltern sind aus dem Haus. Welches Kind durchstöbert da nicht – endlich unbeobachtet – nach Herzenslust alle Ecken und Winkel, um den Geheimnissen der Alten auf die Schliche zu kommen. Also geht auch Dornröschen allerorten herum, besieht Stuben und Kammern, wie es nur Lust hat, und kommt endlich auch an einen alten Turm. So erzählt das Märchen.

Der Turm ist alt. Er steht also schon sehr lange dort, vielleicht schon immer. Er symbolisiert das Dauerhafte im alltäglichen Wechsel. Und er ist wenig beachtet, er wird selten frequentiert und deshalb auch nicht regelmäßig erneuert. Hier wartet etwas, hier erwartet uns etwas, das weit zurück- und tief hineinreicht, das spüren wir allein schon im Wort: Turm.

Der Turm ist ein besonderes Bauwerk. Er ragt auf, ihn zu ersteigen ist mühsam, doch hat man die Mühe aufgebracht, wird man mit Weitblick belohnt. Wer im Turm wohnt, hat nicht nur Überblick, er ist auch dem Irdischen entrückt. Im geflügelten Wort vom elfenbeinernen Turm hat sich diese Vorstellung bis heute erhalten, obwohl kaum noch einer (nicht einmal Dichter und Denker) im Turm wohnt.

Das Bild eines Mädchens im Turm erinnert uns sogleich auch an Rapunzel. Auch hier ist es ein Mangel im Lebensbereich der Eltern, genauer das Gelüst der Mutter und die daraus folgende Grenzüberschreitung des Vaters, das die Tochter unter den Einfluss einer Zauberin bringt, wie das Märchen erzählt. Rapunzel nennt sie »Frau Gothel«. Godel ist aber in Süddeutschland und Österreich ein anderes Wort für Patin. Als Patin, zum Tauffest erscheint die weise Frau oder Fee, um das Menschenkind zu begaben. Es liegt also nahe, dass Rapunzels Zauberin den dreizehn weisen Frauen in »Dornröschen« entspricht, die dreizehn Amplifikation der einen sind.

Viele Jahre ist Rapunzel in diesen Turm eingesperrt und hat nur zur weisen Frau Kontakt. Durch ihre sich entwickelnde Erotik, symbolisiert in den Haaren, kann sie sich daraus befreien – wenn auch schmerzhaft, denn wo bei »Dornröschen«

das Märchen endet, fängt es bei »Rapunzel« erst an. Sie büßt ihren Zopf ein, das heißt, sie wird zur Frau. Das junge Glück fällt auseinander, denn Rapunzel wird in die Wüste verstoßen und der Prinz stürzt sich vom Turm, landet in einem Dornbusch und zersticht sich die Augen. Damit beginnt, was bei »Dornröschen« fehlt, eine lange Suchwanderung, an deren Ende natürlich Erlösung steht: Aus den beiden jungen, unreifen Menschen wird ein gereiftes Paar.

Dornröschen betritt den Turm freiwillig, begegnet der Alten neugierig und wird nicht eingesperrt, jedoch eingeschläfert, was keinen großen Unterschied macht. Natürlich ist es wieder ein junger Mann, der die Gefangenschaft im Turm beendet. Doch dieser ist ein Auserwählter. Er zersticht sich nicht wie Rapunzels Prinz die Augen im Dorn, er bleibt nicht wie seine Rivalen in Dornröschens Hecke hängen, nein vor ihm öffnet sie sich und treibt zu seinem Empfang Blüten. »Dornröschen« ist die Heile-Welt-Fassung von »Rapunzel«. Deswegen steht es auf der Beliebtheitsskala vermutlich auch weiter oben. »Dornröschen« macht dem jungen Mädchen im Turm Mut, sich wachküssen zu lassen; »Rapunzel« gibt ihm Kraft, den Weg durch die Wüste zu gehen, wenn die Flitterwochen verraucht sind.

Die Parallelen sind augenscheinlich und wir erfahren mit Genugtuung, dass es in archaischen Kulturen Brauch war, Mädchen zur Zeit der eintretenden Geschlechtsreife aus der Gemeinschaft auszusondern und in abgeschiedenen Räumlichkeiten unterzubringen, zum Beispiel in einem

Turm, der im Märchen bisweilen auch zum hohlen Baum wird. Von Dornröschen wissen wir, dass es gerade fünfzehn Jahre alt geworden ist. Heute müssten sie wohl schon etwas eher in den Blutturm steigen, unsere dornenreichen Röschen.

Der Grund für die Absonderung ist Erziehung und Schutz. In einer Zeit der Wandlung* ist jedes Wesen besonders gefährdet. Der Rückzug, die Absonderung von den Einflüssen der Umwelt, schafft Ruhe für die nötige Auseinandersetzung. Archaischen Kulturen schienen besonders Mädchen zur Zeit der ersten Monatsblutung störenden Einflüssen durch Erdgeister ausgesetzt. Deshalb verbrachte man sie in erdferne Türme. Aus dem gleichen Grund übrigens wohnten auch die weisen Frauen der Germanen in Türmen.

Das Turmmotiv findet sich auch im sogenannten Jungfernspeicher, einem Raum abseits des Wohngebäudes, der nur über eine Leiter erreichbar ist und zu dem nur die Frau einen Schlüssel hat. Hier wurden nicht nur wertvolle Vorräte eingelagert, wegen seiner Abgeschiedenheit war er auch heimlicher weiblicher Treffpunkt.

Auch bei männlichen Einweihungsriten gibt es das Motiv des abgeschiedenen, entrückten Raums. Als Knaben gehen sie in eine besondere Hütte zu den alten Männern und kommen – keine Frau erfährt jemals durch welches Mysterium gewandelt – als junge Männer heraus. Genauso gehen die Mädchen in eine Hütte oder einen Turm und kommen früher oder später als junge Frauen heraus. Der markante Unterschied zwischen

*Auch das bedeutet der Krebs mit seinen Häutungen.

Knaben und Mädchen ist, dass man bei letzteren die Wandlung zur Frau viel deutlicher, nämlich blutig markieren kann. Im Turm erfolgt die Erwekkung des Weiblichen. Im Turm bleibt das Mädchen, bis es Frau geworden ist. Und deshalb ist der Turm auch ein Symbol für die Jungfräulichkeit, die Feste.

Behausungen wie die Hütte, das Haus oder der Turm sind Symbole für die Wohnung der Seele. Das Markante des Turms ist sein Hinaufragen. Er weist nach oben, in die Höhe, ins Himmlische, Jenseitige. Das Ersteigen des Turm beschreibt deshalb bildlich das Aufsteigen der Seele, also die Selbstfindung. Und das ist wohl auch der Grund, pubertierende Knaben und Mädchen von der Gemeinschaft abzusondern und in Türme zu sperren: um ihnen Zeit und Ruhe zur Orientierung, zur Reifung, zur Findung ihres Selbst zu geben.

Das Wort »Turm« wird im späten Althochdeutschen als »torn« gesprochen, was dem Englischen »thorn« entspricht: »Dorn«. Der Weg vom Turm zum Dorn ist also nicht so weit. Und eine Dornenhecke wird ja auch in Kürze Dornröschens Turm der Selbstfindung umwuchern und schützen. Das germanische »dorn« beruht auf einer indogermanischen Wurzel, die etwas meint, das starr oder steif ist. Sowohl dem Turm wie auch dem Dorn der Hecke ist also eine genitale Konnotation nicht fremd. So wird der Dorn zum Symbol, das einerseits beschützt, einschläfert, andererseits aber auch erweckt, verwundet.

Der Schlüssel ist gelb

Dornröschen steigt den Turm empor, bis es an eine Tür gelangt. Nun endlich ist das letzte Geheimnis zu lüften. Die Tür ist verschlossen, aber der öffnende Schlüssel steckt bereit. Rostig ist er nach der letzten Überarbeitung von Wilhelm Grimm. Das fügt sich romantisch ins Bild des alten Turms, an dem wir den rankenden Efeu und die biedermeiernen Spinnweben geradezu riechen.

In der ursprünglichen Fassung war es ein gelber Schlüssel. Ein gelber Schlüssel? Ja, das muss sich Wilhelm Grimm auch gefragt haben. So ein fragwürdiges Detail irritiert nur das geneigte Publikum, das leichte Muse sucht. Kein anderer Grund lässt sich für diese Änderung finden. Also machen wir uns die Mühe, den Schlüssel gelb und ernst zu nehmen, und laden uns die damit verbundene Frage auf.

Bevor wir aber versuchen, den gelben Schlüssel zu entschlüsseln und in seinem Schloss zu drehen, betrachten wir die Szene: Das dornige Röschen ist neugierig und frech die Treppe im Turm hinaufgestiegen. Doch am Ende dieses Aufstiegs eröffnet sich ihm nicht einfach ein Raum mit einer alten Frau darin. Dornröschen steht vor einer Tür, und die Tür ist verschlossen und im Schloss steckt ein Schlüssel, ein gelber.

Betrachtet man diesen Schlüssel auf spiritueller Ebene, dann steht er für den Türhüter, der darüber entscheidet, ob der Adept bereit ist einzutreten. Immer wieder kommen wir in unserem Leben an markante Stationen, an Türen oder Tore, und müssen unsere Reife beweisen, müssen dem Türhüter die Parole zurufen können. Deshalb ist es nicht einerlei, ob der Schlüssel verrostet ist oder gelb.

Die Farbe Gelb meldet sich als gewöhnlicher Stellvertreter von Gold. Gold ist aber seiner besonderen Eigenschaften und seines seltenen Vorkommens wegen das Edelste auf Erden überhaupt. Wenn etwas golden ist, mutet es wertvoll an, selbst wenn wir erkennen, dass es kein echtes Gold (wenn es Gelb) ist.

Mit Gold verbindet sich die Vorstellung des Dauerhaften, Ewigen, Unzerstörbaren, des Hellen, Sonnigen, Strahlenden, des Wertes, Sieges, Triumphs, der Erfüllung. Das strahlende Gold ist auch mit der strahlenden gelben Sonne verbunden, die den Tag regiert, und zum männlichen Reich gehört. Gelb ist die Farbe des Verstandes, der Vernunft. Gelb ist die Farbe der Könige.

Dornröschen ist am Ziel angelangt. Die Kindheit ist beendet. Hinter dieser (noch) verschlossenen Tür liegt das erwachsene Leben. Es muss nur den goldenen, männlichen Schlüssel im silbernen, weiblichen Schloss umdrehen, sich umdrehen lassen und eintreten. Doch ganz so einfach ist die Wandlung vom Kind zur Frau nicht. Wir kennen das Problem heute unter dem Stichwort Pubertät.

Verehrter Wilhelm Grimm, mit Verlaub, ein rostiger Schlüssel ist trivial, um so mehr, wenn er in der Tür eines alten Turms steckt. Ein ungewöhnlich gelber Schlüssel, ganz gleich ob und wie wir ihn deuten wollen, signalisiert uns, hinter dieser Tür, die er uns eröffnet, muss etwas verborgen sein, das so ungewöhnlich ist, wie der Schlüssel selbst.

Gelb ist licht. Es ist die Farbe des Geistes und der Erkenntnis. Die Tür am Ende des Turms ist verschlossen, aber der lichte Schlüssel steckt erwartungsvoll im Schloss. Du musst ihn nur umdrehen, die Tür öffnen und eintreten. Und dann stehst du vor – der alten Frau.

Die Alte und der Krebs

Hier schließt sich der Kreis aus Werden und Vergehen, der Kreis der Frauen. Das Männliche ist linear: Standpunkt, Marschroute, Ziel. Das Weibliche ist zyklisch: atmende Gezeiten von Reifen und Welken. Der Krebs hat den Kreis – symbolisch – eröffnet, es ist die Alte, die ihn schließt, die den Bogen über den Abgrund der Vergänglichkeit spannt. Wer alt ist, ist nicht mehr ganz von dieser Welt, überschaut Gewesenes und entwickelt eine sich immer mehr klärende Vision vom Kommenden.

Das Märchen begann mit einer Frau, einer Königin in der Reife ihrer Jahre, doch unfruchtbar. Ausgangspunkt, Notsituation in diesem Märchen ist die Stagnation. Die Königin kann in einem männlich dominierten Umfeld nicht ihr wahres Wesen entfalten. Der Krebs (Frosch) trat ihr zur Seite und eröffnete damit den Reigen der Frauen. Gute Hoffnung stellte sich ein, übers Jahr gekrönt von einem herzigen Dornröschen. Zum

Geburtsfest erscheinen die dreizehn weisen Frauen, um die Erweckung des Weiblichen voranzutreiben. Elf begaben das Mädchen, eine fordert es heraus und eine gibt dem Ganzen Sinn. Als das Mädchen seinen fünfzehnten Geburtstag feiert, sind die Eltern nicht anwesend, aber die sinngebende weise Frau ist zur Stelle, erscheint als die spinnende Alte an der Nahtstelle des Seins.

Frauen spinnen. Spinnen ist eine urweibliche Tätigkeit. Die Frauen saßen beim Spinnen zusammen und erzählten sich Mären. Daher stammt unser Ausdruck etwas ausspinnen oder rumspinnen, wenn wir uns etwas ausdenken, uns ausmären. Das Spinnen und vom Leben Erzählen verband sich zu der Vorstellung, dass jedem ein Lebensfaden gesponnen wird. Da gibt es dann, ob Nornen, Moiren oder Parzen,* drei Spinnerinnen, von denen die erste den (Lebens-) Faden zwirnt, die zweite seine Länge bemisst und die dritte ihn unwiderruflich abschneidet.

In Märchen treten die Schicksalsgöttinnen nicht direkt auf, sondern in vielfachen Verkleidungen als Feen, weise Frauen oder Patinnen (»Frau Gothel«). Oft sind sie mit Spinnen beschäftigt und wohnen auf, in oder unter Bäumen oder bei Quellen. Als Schicksalskünderinnen nehmen sie an Geburts-, Reife-, Hochzeits- und Todesfeiern teil. Da die Dreizehn nur eine andere Darstellung der Drei (aus dem Einen) ist, wie bereits dargelegt wurde, sind die dreizehn Feen in »Dornröschen«

*Nornen heißen die germanischen Schicksalsgöttinnen Urd, Werdandi, Skuld; Moiren die griechischen Klotho, Lachesis, Atropos; und Parzen die römischen Nona, Decuma, Morta.

wohl als verklausulierte Darstellung der Schicksalsgöttinnen zu sehen.

Die Alte mit der Spindel ist so oder so ein Symbol für die weise Frau, die das Leben kennt und beherrscht und Kraft ihres Alters die Aufgabe hat, den Faden abzuschneiden. Dornröschen ist an einem Wendepunkt seines Lebens angekommen. Das Kind muss sterben, damit die Frau erwachen kann. So pflanzt sich das Leben fort. Wenn der König auch alle Spindeln im Reich verbrennen lässt, diese eine Schicksalsspindel wird für ihn immer unerreichbar sein, denn das Leben zwirnt sich endlos fort, wie weltliche Könige auch kommen und gehen mögen.

Bleibt zum Abschluss ein Blick auf den Frosch, der vormals ein Krebs war, und die Frage, was Wilhelm Grimm zu dieser Änderung wohl bewogen haben mag.

Ein uraltes Symbol ist der Krebs. In ältesten indischen Kosmologien holt er die Erde vom Grund des Meeres herauf. Weil er seinen Panzer wechselt und sich so erneuert, steht er auch für Wiedergeburt und Auferstehung. Seine Zurückgezogenheit, Wandlungsfähigkeit und Unbeständigkeit (wie der Mond) machen ihn zu einem markant weiblichen Symbol. Bis in den neuzeitlichen Volksglauben hinein steht der Krebs im Bedeutungszusammenhang mit dem Weiblich-Mütterlichen. Im Mittelalter wurde er zum Beispiel auch eingesetzt, um die Empfängnis zu fördern.*

*Hänsels Schwester Gretel bekommt bei der Hexe nur Krebsschalen zu essen. Vgl. Band 1 dieser Reihe.

Der Krebs ist also die genau richtige Besetzung für diese Rolle in »Dornröschen«. Die vordergründige Handlung betreffend, kündet er von Empfängnis, im Rahmen der Ouvertüre exponiert er die Wandlung, die Erweckung des Weiblichen, die Dornröschen bevorsteht.

Nun, der Süßwasserkrebs ist ein ausgesprochen empfindsames Tier. Bei schlechter Wasserqualität zieht er sich schnell zurück. Deshalb ist er heute auch kaum noch anzutreffen. Der Frosch (die Kröte, die Unke) ist da viel robuster.

War der Krebs schon zu Wilhelm Grimms Zeiten selten im Bade anzutreffen? War ein Frosch einfach plausibler? Betrachtet man seinen Überarbeitungsstil, so liegt das nahe. Und der Frosch scheint ja auch gut hineinzupassen, ist er doch auch Fruchtbarkeitssymbol. Seine symbolische Vita liest sich der des Krebses ähnlich, doch Schliephacke* subsummiert seine Bedeutung in dem tiefgreifenden Satz: »Im deutschen Volksglauben wird das Bild des Frosches auf Geschlechtsvorgänge verengt.«

Mit der Vorstellung vom Frosch ist auch ein gewisser Abscheu verbunden (»Froschkönig«). Und als Kröte geht er gar ins Reich des Bösen ein, ist er Tier der Hexe und Ingredienz von Zaubertränken.

Offensichtlich haben wir es auch beim Frosch mit einer der vielen Umdeutungen zu tun, die ursprünglich positive matriarchale Symbole in negative, verwerfliche wandelte, um dem Patriarchat zu huldigen. Wilhelm Grimm soll solcher

*Schliephacke, Bruno. P.: Bildersprache der Seele. Berlin (Noebe) 1970.

Vorsatz nicht unterstellt werden, doch ist er geistiges Kind seiner Zeit. Auf jeden Fall aber sollte der sexuelle Frosch, die geile Kröte, den erotischen Krebs in diesem delikaten Märchen nicht verdrängen und die Mär nicht schon vorab mit einer eindeutigen Anmutung exponieren.

Der Spindel Stich

Eine subtile Erotik, die nie wirklich ausgesprochen wird und die deshalb besonders interessant bleibt, durchweht »Dornröschen«. Der Stich der Spindel ist ein Symbol dieses Flairs.

Das fünfzehnte Jahr, oft auch das zwölfte oder vierzehnte, ist ein Hinweis auf die Geschlechtsreife, eine zweite Geburt, bei der das Kind stirbt und die Jungfrau geboren wird. Früher war dieser Übergang für die Familien von besonderer Bedeutung, garantierte er doch den Fortbestand der Sippe und damit die Versicherung des Alters.

Zeiten des Übergangs sind aber auch Zeiten der Gefährdung. Verläuft die Entwicklung normal und natürlich, so zieht sich das reifende Mädchen spontan in sich zurück, fällt in einen ›hundertjährigen Schlaf‹. Dieses natürliche Bedürfnis wurde früher durch die Absonderung in den Turm unterstützt. Heute lässt man pubertierenden Mädchen diese Ruhe nicht.

Das Märchen spricht es an keiner Stelle aus, aber ein Stich mit der Spindel verursacht sachlogisch eine Blutung. Blut in sexuellem Zusammenhang wurde und wird aber als unrein betrachtet. Deshalb wohl die schamvolle Zurückhaltung an dieser Stelle. Das Einsetzen der Menstruation, der mondmonatlichen Blutung markiert den Übergang vom Kind zur Frau. Das ist die eine Deutungsmöglichkeit des Spindelstichs.

Die Spindel wurde schon vor Erfindung der Schrift durch eine Raute dargestellt, zum Beispiel in den Kulturen der Eiszeit vor rund 30000 Jahren. Sie ist das Zeichen für Entwicklung, Wachstum und Jugend, vor allem aber für den Leben spendenden Schoß des Weibes, der Weberin.

Später war die Raute Herzstück der Ingwaz-Rune, die für den Verschlusslaut »ng« steht und Fruchtbarkeit bedeutet; aber sie war auch »Odins Kopf« in der Heimat bedeutenden Odala-Rune.

Die durchkreuzte Raute ist ein Zauberknoten. Sie wurde als Wunschzeichen verwendet, mit dem die Bitte um einen gesegneten, fruchtbringenden Mutterschoß verbunden war. Das Malzeichen, das über der Raute liegt, bedeutet menschliche Zeugungskraft. Dieser verzauberte Knoten deutet aber auch auf die sich überkreuzenden Fäden eines Gewebes, das Ergebnis der Spinnarbeit.

Das Einsetzen der Menstruation markiert die Empfänglichkeit. Die junge Frau ist nun so weit in sich gereift, dass sie bereit ist, das Männliche zu empfangen und in sich aufzunehmen. Auch die erste Begegnung mit dem anderen Geschlecht, die Defloration ist von einer Blutung begleitet. Auch darauf deutet der Stich der Spindel.

Wenn der König den Spruch der weisen Frau verhindern will, dann will er wohl auch die Defloration seiner Tochter verhindern, weil er als Vater sie in diesem Augenblick an den anderen, den fremden Mann verliert oder das zumindest so empfindet.

Hundert Jahre Schlaf

Die Pubertät ist eine Zeit tiefgreifender Wandlung. Den jungen Menschen zerbröckelt die kindliche Welt geradezu in den Händen. Was eben noch stolze Ritter und gefährliche Dämonen waren, sind plötzlich nur noch leblose Spielzeugfiguren. Zuvor hat das kindliche Bewusstsein seine gesamte Umwelt belebt und erfüllt, jetzt wird es vehement auf sich selbst zurückgeworfen. Es ist nicht mehr eins mit der Welt, sondern erlebt sich in sich und die Welt im Außen.

Selbstreflexion setzt ein und damit zunächst Verwirrung, Orientierungslosigkeit. Wer orientierungslos ist, tut gut daran, innezuhalten. Und genau das tun Pubertierende, wenn die Entwicklung natürlich verläuft: Sie ziehen sich in sich zurück, verschließen sich, sind nach außen abweisend und launisch. Sie durchlaufen eine Zeit der seelischen Häutung und entsprechend empfindsam und verletzlich sind sie. Sie erfahren eine Einweihung in die Tragweite geistiger Existenz, und wie jeder Einweihung geht ihr die Katabasis, der »Abstieg in die Unterwelt« voran. Die neue, subjektive Perspektive von Ich und Nicht-Ich hat weitreichende Konsequenzen. Das gesamte Denken wird erschüttert und muss neu geordnet werden.

Die neu entdeckte Dualität polarisiert aber nicht nur Innen und Außen, Subjekt und Erscheinungswelt, sondern zum Beispiel auch Ich und Du, Mann und Frau. Das Verhältnis zu dieser Entwicklung ist ambivalent: erregend, verlockend einerseits, verwirrend, beängstigend andererseits. Und so wechselmütig zeigt sich auch die erwachte Wahrnehmung des anderen Geschlechts.

»Dornröschen« erzählt uns, das Mädchen würde in einen hundertjährigen Schlaf fallen. Der Schlaf deutet auf den (Schein-) Tod, die Begegnung mit der Unterwelt hin, er beschreibt aber auch den Rückzug von der Außenwelt, das Ruhebedürfnis. Reifung braucht Ruhe. Haben wir das vergessen?

In diesem Märchen fällt zusammen mit Dornröschen das gesamte Reich in Schlaf. Das ist einmal Ausdruck kindlichen Erlebens, das die eigene Gemütsverfassung auf die ganze Welt überträgt. Das ist aus der Sicht der Familie aber auch Ausdruck einer Lähmung. Die Familienmitglieder müssen dem Pubertieren hilflos zusehen. Was immer sie sagen oder tun, kommt nicht an, ist verkehrt. Die Familie in diesem Märchen reagiert weise darauf, indem sie Dornröschen schlafen lässt. Und wir sind sicher, sie wird zum rechten Zeitpunkt erwachen.

Wie anders heute. Ruhe ist dieser Gesellschaft abhanden gekommen. Schon im Mutterleib hat der Fötus (zusammen mit der Mutter) keine rechte Ruhe mehr, physisch nicht und psychisch noch weniger. Und diese irritierende Unruhe setzt sich unter und nach der Geburt unterbrechungsfrei fort. Das Leben bekommt keine Zeit mehr, sich ausreichend zu regenerieren. Wundert es da, wenn immer mehr Kinder in ihrer neurologischen Entwicklung auffällig sind? Das belastet dann auch den Schutzraum Kindergarten ganz erheblich, wo Ruhe zur Reifung längst kostbar geworden ist. Spätestens mit der Einschulung beginnt der Leistungsdruck, und über die Medien drängt sich die Not und die Angst und der Hass der ganzen Welt beängstigend in das empfindsame Leben der Kinder. In diesem Zusammenhang ist bereits vom Verlust der Kindheit gesprochen worden – aber keiner hat sich wirklich darum gekümmert.

In der Pubertät setzt sich dieses Bild rücksichtslos fort. Keine Rede von hundertjährigem Schlaf. Die jungen, unreifen und vor allem noch formbaren Menschen werden einem an sich zutiefst lebensfeindlichen und Leben verachtenden ›Wertesystem‹ mit werbepsychologischer Raffinesse und bunt verpacktem Kalkül kalt unterworfen.

Mann lässt den jungen Mädchen keine Ruhe, die Weiblichkeit in sich reifen und erstarken zu lassen. Statt dessen werden sie angestachelt, ein Idol anzuhimmeln, einem »Image« nachzueifern, das sich alte Männer (der Musik- und Modebranche) ausgedacht haben und das ihnen auf allen Kanälen bis zum Erbrechen vorzelebriert wird. Und dann stolzieren diese Mädchen, die noch gar nicht wissen, was Frausein bedeutet und die niemals Jungfrauen sein dürfen, als Sex-Püppchen dekoriert zum Gelüst eben der Männer herum. Sie imitieren bewusstlos billige sexuelle Signale, von denen sie weder Quelle noch Außenwirkung begreifen. Sie sind bloße und entblößte Spielzeuge einer penetrant sexualisierten Männerwelt, die bewusst und absichtsvoll Erotik durch blanken Sex ersetzt.

Wie reagieren wir, wenn uns die Ruhe geraubt wird? Wie reagieren Sie, wenn Ihnen eine Fliege wieder und wieder und wieder vor der Nase herumsummt? Sie greifen zur Fliegenklatsche, oder?

Auf den Entzug von Ruhe reagieren wir zunächst mit Aggression und früher oder später mit Depression. Die Aggression richtet sich je nach Gemüt und Vitalität nach außen oder nach innen. Zigarettenrauchen zum Beispiel ist Folge und Ausdruck von Selbstaggression. Nach außen gerichtete Aggression drückt sich je nach verfügbaren Mitteln aus: bei jungen Männern vorzugsweise in Gewalt gegen Personen und Sachen; bei jungen Frauen gern in sexueller Provokation. Beide Strategien führen langfristig nicht zum gewünschten Erfolg. Weder die gewalttätigen Jungen noch die sexualisierten Mädchen werden so ihr Lebensglück finden. Das Ergebnis ist vielmehr – angesichts des Versagens – Depression und danach willenlos angepasste Abgestumpftheit: gefügige Sklaven der großen Maschine.

Im Auftrag des Familienministeriums wurde 2001 eine Studie zum Sexualverhalten von Jugendlichen durchgeführt. Junge Menschen, so stellte man fest, haben heute ihre erste sexuelle Begegnung durchschnittlich im Alter von 13,7 Jahren.* Diese ›Kinder‹ imitieren, was sie schon

*dpa 9.7.2001

sehr früh, zu früh in den Medien auf meist plumpe, zumindest aber verzerrte Weise gezeigt bekommen: den rein mechanischen Akt. Weil sie beide nicht gereift sind, weder als Mann noch als Frau, weil sie keine Ruhe zur Reifung hatten, werden sie in der Folge große Schwierigkeiten haben, über das schlichte Reiz-Reaktions-Muster der Sexualität hinaus zu einer erotischen, achtungsvollen, auch, aber nicht nur, körperlichen Liebe zu finden.

Wenn wir zulassen, das Frauen schon als Jungfrauen zum Samenspucknapf einer hypersexualisierten Männerwelt degradiert werden und Jungmännern kaum eine Chance gegeben wird, in der Frau etwas anderes als ein brauchbares Befriedigungsinstrument zu sehen, dann berauben wir das Leben der Liebe und damit der eigentlichen Energie, die Leben hervorbringt und erhält.

»Dornröschen«, so könnte man meinen, ist als Märchen so beliebt, weil es die stille Sehnsucht und das vitale Bedürfnis jeder jungen Frau achtet und illustriert. So wie wir ein Samenkorn auch nicht jeden Tag aus der Erde ziehen, um nachzusehen, ob es schon gewurzelt hat, so sollten wir einer jungen Frau auch nicht jeden Tag unter den Rock schauen.

Junge Menschen brauchen Ruhe, um sich selbst, um zu sich zu finden. »Hundert Jahre« ist bloß eine Metapher für eine unbestimmt lange Zeit. Die beschriebene Öffnung des Bewusstseins und die danach nötige Transformation der Weltsicht muss in Ruhe ausgären können. Ist dieser Prozess durchlaufen, ergießt sich der junge Wein wie von selbst ins Leben zurück – und hat die vitale Kraft, den alten Wein in den alten Schläuchen wirklich zu bereichern.

Wie naturweise waren doch archaische Völker, diese pubertierenden Jungmenschen abzusondern, damit sie Zeit hatten, aus sich heraus und unbeeinflusst mit sich und der Welt ins Reine zu kommen. Wie Menschen verachtend dagegen ist unsere ›moderne‹ Gesellschaft, die den Teenagern keine Reifungszeit gönnt und kein anderes Ziel kennt, als sie gehörig stromliniendumpf und blindlings konsumfreudig zurechtzustutzen.

Der Kuss

Man könnte meinen, »Dornröschen« sei ein reines Mädchen-Märchen. Doch wenn wir an den Anfang zurückdenken, wird uns erzählt, dass die eigentliche Not, um die es hier geht, das Veröden des Lebens ist, ein Übergewicht des Männlichen. Die Suchwanderung, die zur Erlösung führt, können wir als Erweckung des Weiblichen betiteln. Der Kreis der Frauen wird durch Dornröschens Einweihung reaktiviert. Doch die Notsituation, das Übergewicht des starren Männlichen, kann nicht einseitig durch die Frau aufgehoben werden. Der Mann muss mitspielen; Mann und Frau müssen die Erneuerung des Lebens gemeinsam wollen und tun.

Die Erneuerung des Mannes ist der Prinz. Was weiß »Dornröschen« den kleinen Prinzen zu berichten? Wenn die Sexualität in einem jungen

Mann erwacht, dann wird das andere Geschlecht, das er zuvor kaum zur Kenntnis genommen oder eher abschätzend betrachtet hat, unvermittelt verlockend. Doch es ist wie mit einer Dornenhecke umzogen. Wenn er sich ihm vorschnell (vor Ablauf der hundert Jahre) nähert, verfängt er sich in den Dornen, wird zerstochen und kommt jämmerlich um.

Die coolen, schnellen Boys von heute lassen sich durch eine Dornenhecke natürlich nicht schrecken. Sie bahnen sich einen Weg mit der Kettensäge und rütteln das schlafende Schloss mit der angesagten Musik ihrer Ghetto-Blaster aus dem Tiefschlaf. Das schlafende Dornröschen-Girlie empfängt sie neugierig und willig, und so erreichen sie ihr schnelles männliches Ziel. Doch der Weiblichkeit begegnen sie nicht. Die hatte zu reifen keine Zeit und verödet, wie eine Knospe unter der Dürre. Diese Jungmänner begegnen nur einer flachen Reflexion der männlichen Triebhaftigkeit ihrer Väter. Die Lebensnot des Reichs werden sie so nicht lösen.

Erlösung bringt der Auserwählte. Was zeichnet ihn aus? Er hört dem alten Mann zu. Er lässt sich verzaubern von einem schlafenden Schloss hinter einer Dornenhecke und einer wunderschönen Rose, an der noch keiner gerochen hat. Er will, er wird der Erste sein.

Er hat es nicht nötig, die Hecke niederzureißen. Er wird weder von den Dornen der Hecke zerstochen, noch im verschlossenen Schoß der Schönen jämmerlich umkommen, als Edelmann versagen. Er hat die hundert Jahre abgewartet, ihn wird die gereifte Frau erwarten und empfangen. Wenn er sich der Dornenhecke nähert, so erblüht sie für ihn und eröffnet sich wie von selbst. Die Erotik dieses Bildes ist für den Wissenden eindeutig zart, dem Unwissenden weist sie, wenn er denn hören will, verheißende Richtung.

Die Zeit der Geschlechtsreife ist für einen jungen Mann eine harte, dornige Prüfung. Die entfesselten Hormone treiben ihn um. Sein Kopulationstrieb liegt auf der Lauer* und springt bei jedem nichtigen Anlass an. Es ist gut, es tut gut, diese jungen Hengste auf eine gesonderte Koppel zu verbringen, damit sie sich keine blutigen Nasen holen. Denn so aufgedreht wollen die Stuten sie nicht, und so haben sie gegen die erfahrenen, alten Hengste auch gar keine Chance.

Diese Maschinengesellschaft verspricht ihren Junkern kurzatmige Triebbefriedigung, um ihnen den Ring des Konsums durch die Nase zu ziehen. »Dornröschen« dagegen verspricht dem Prinzen eine Frau, die ihm Lebensglück schenkt, wenn er bereit ist zu lernen, ihr Wesen zu achten und ihr in Würde und Wahrheit zu begegnen.

So schreitet der auserwählte Prinz unangefochten durch die Hecke und findet seinen Weg schnurstracks zum Turm. Er steigt die Treppen empor und vollzieht damit dieselbe geistige Entwicklung nach. Und wenn er in der Kammer anlangt, ist er gereift. Er erblickt Dornröschen und ist »so erstaunt über ihre Schönheit, daß er sich bückte und sie küßte.«

*s. »Rotkäppchen« (KHM 26)

Wir wissen, das ist kein Zungenkuss, kein feuchtes Drängen, kein unruhiges Verlangen; es ist ein zärtlicher, liebender Lippenkuss, der die schlafende Schöne achtet und beachtet.

Mit solchem Kuss verbindet sich die Vorstellung der Übertragung des Lebenshauchs, des Odems. Gott hat dem ›Lehmklumpen‹ Leben eingehaucht. Das wird er gemacht haben, um im Bild zu bleiben, indem er die Lippen aufgesetzt und ausgeatmet hat. Das Ausatmen des einen ist das Einatmen des anderen. So bewegen sich die Gezeiten des Lebens und Sterbens. Mit dem ersten Atemzug beginnt das Leben und mit dem letzten Ausatmen endet es.

Dieser edle Kuss des Prinzen erweckt das gereifte Dornröschen zur Frau, und es erlöst die Not des männersteifen Reichs. Hochzeit!

Vor Zeiten lebten ein König und eine Königin, die sprachen jeden Tag: »Ach, wenn wir doch ein Kind hätten!« Aber sie bekamen keins. Als die Königin einmal im Teich badete, kroch ein Krebs aus dem Wasser und sprach zu ihr: »Dein Wunsch wird erfüllt werden. Ehe ein Jahr vergeht, wirst du eine Tochter zur Welt bringen.«

Was der Krebs gesagt hatte, geschah, und die Königin gebar ein Mädchen, das war so schön, dass der König vor Freude ein großes Fest anstellte. Er lud nicht bloß seine Verwandten, Freunde und Bekannte ein, sondern auch die weisen Frauen, damit sie dem Kind hold und gewogen wären. Es gab dreizehn weise Frauen in seinem Reich, weil er aber nur zwölf goldene Teller hatte, von denen sie essen sollten, musste eine von ihnen daheim bleiben.

Das Fest wurde mit aller Pracht gefeiert, und als es zu Ende ging, beschenkten die weisen Frauen das Kind mit ihren Wundergaben. Die eine segnete es mit Tugend, die andere mit Schönheit, die dritte mit Klugheit, und so mit allem, was auf der Welt nur zu wünschen ist.

Als elf ihre Sprüche eben getan hatten, trat plötzlich die dreizehnte herein. Weil sie nicht eingeladen war, rief sie ohne jemanden zu grüßen oder nur anzusehen mit lauter Stimme: »Die Königstochter soll sich in ihrem dreizehn-

Seit den Grimms, also seit zwei Jahrhunderten, sind die Texte der Kinder- und Hausmärchen unverändert geblieben. In dieser Zeit hat sich unsere Sprache verändert und mancher Begriff ist nicht mehr im Gebrauch, manches Ding, manches Handwerk, manche Technik ist uns nicht mehr geläufig und manche Bräuche und Umgangsformen sind nicht mehr zeitgemäß. Mit einem Wort, die Märchen sind uns nicht etwa inhaltlich, doch aber rein formal und äußerlich fremd geworden. Gäbe es eine bis heute ununterbrochene Erzählkultur, dann hätten die Märchentexte die gesellschaftliche Entwicklung Schritt für Schritt mitvollzogen. Warum soll es nicht erlaubt sein, das Unterbliebene nachzuvollziehen? Diese Fassung ist ein solcher Versuch.

ten Jahr an einer Spindel stechen und tot hinfallen.«

Und ohne ein Wort weiter zu sprechen, drehte sie sich um und verließ den Saal. Alle waren erschrocken. Da trat die zwölfte hervor, die ihren Wunsch noch übrig hatte, und weil sie die Verwünschung nicht aufheben, sondern nur mildern konnte, sagte sie: »Es soll aber kein Tod sein, in den die Königstochter fällt, sondern ein hundertjähriger Schlaf.«

Der König wollte sein liebes Kind vor dem Unglück bewahren. Deshalb ließ er den Befehl ausgeben, dass alle Spindeln im ganzen Königreiche verbrannt werden sollten. An dem Mädchen aber wurden die Gaben der weisen Frauen sämtlich erfüllt, denn es war so schön, sittsam, freundlich und verständig, dass es jedermann, der es nur ansah, lieb haben musste.

Es geschah, dass an dem Tag, wo es gerade dreizehn Jahre alt wurde, der König und die Königin nicht zu Hause waren und das Mädchen ganz allein im Schloss zurückblieb. Da ging es überall herum, besah Stuben und Kammern, wie es Lust hatte, und kam endlich auch an einen alten Turm. Es stieg die enge Wendeltreppe hinauf und gelangte zu einer kleinen Tür. Im Schloss steckte ein gelber Schlüssel, und als es umdrehte, sprang die Tür auf und da saß in einem kleinen Stübchen eine alte Frau mit einer Spindel und spann emsig ihren Flachs.

Die alte Frau gefiel ihr, und sie scherzte mit ihr und sagte, sie wolle auch einmal spinnen. Darauf nahm sie ihr die Spindel aus der Hand. Kaum hatte sie aber die Spindel angerührt, stach sie sich damit, und fiel in einen tiefen Schlaf. Und dieser Schlaf verbreitete sich über das ganze Schloss: der König und die Königin, die eben heimgekommen und in den Saal getreten waren, schliefen ein und der ganze Hofstaat mit ihnen. Da schliefen auch die Pferde im Stall, die Hunde im Hof, die Tauben auf dem Dach, die Fliegen an der Wand, ja, sogar das Feuer, das auf dem Herde flackerte, wurde still und schlief ein, und die Suppe hörte auf zu brodeln. Und der Koch, der den Küchenjungen an den Haaren ziehen wollte, weil er etwas versehen hatte, ließ ihn los und schlief ein. Selbst der Wind legte sich, und an den Bäumen vor dem Schloss regte sich kein Blatt mehr.

Rings um das Schloss aber begann eine Dornenhecke zu wachsen, die jedes Jahr höher wurde und schließlich das ganze Schloss umzog und darüber hinaus wuchs, dass gar nichts mehr davon zu sehen war, nicht einmal die Fahne auf dem Dach.

Im Land ging aber die Sage von der schlafenden Schönen um. Deshalb kamen immer wieder Königssöhne und versuchten, durch die Hecke in das Schloss einzudringen. Es war ihnen aber nicht möglich, denn die Dornen hielten fest zusammen, als hätten sie Hände, und die Jünglinge blieben darin hängen, konnten sich nicht wieder los machen und kamen jämmerlich um.

Nach langen, langen Jahren zog ein Königssohn durch das Land. Ein alter Mann erzählte ihm, man glaube, dass hinter der Dornenhecke ein Schloss stehe, in dem das wunderschöne Dornröschen schliefe, und mit ihr schliefe der König und die Königin und der ganze Hofstaat. Er wusste auch von seinem Großvater, dass schon viele Königssöhne gekommen wären und versucht hätten, durch die Dornenhecke zu dringen, aber sie wären darin hängengeblieben und zerstochen worden.

Da sprach der Jüngling: »Ich fürchte mich nicht. Ich will hinaus und die schöne Prinzessin befreien.«

Nun waren aber gerade die hundert Jahre verflossen, und der Tag war gekommen, wo Dornröschen wieder erwachen sollte. Als der Königssohn sich der Dornenhecke näherte, trug sie lauter große, schöne Blüten, öffnete sich von selbst und ließ ihn unbeschadet hindurch. Hinter ihm schloss sich die Hecke wieder.

Im Schlosshof sah er die Pferde und scheckigen Jagdhunde liegen und schlafen. Auf dem Dach saßen die Tauben und hatten die Köpfe unter die Flügel gesteckt. Und als er ins Haus kam, schliefen die Fliegen an der Wand und der Koch in der Küche hielt noch die Hand, als wollte er den Jungen anpacken.

Da ging er weiter und sah im Saal den ganzen Hofstaat liegen und schlafen, und oben beim Thron lagen der König und die Königin. Da ging er noch weiter, und alles war so still, dass er seinen Atem hören konnte.

Schließlich kam er zu dem Turm, stieg die Treppe empor und öffnete die Tür zu der kleinen Stube, in der die Prinzessin schlief. Da lag sie und war so schön, dass er die Augen nicht abwenden konnte, und er beugte sich über sie und gab ihr einen Kuss. Wie er sie aber ihren Mund zärtlich mit seinen Lippen berühre, schlug Dornröschen die Augen auf, erwachte und blickte ihn ganz freundlich an.

Da gingen sie zusammen hinab, und der König erwachte und die Königin und der ganze Hofstaat und alle sahen sich mit großen Augen an. Und die Pferde im Hof standen auf und rüttelten sich. Die Jagdhunde sprangen und wedelten. Die Tauben auf dem Dach zogen das Köpfchen unterm Flügel hervor, sahen umher und flogen ins Feld. Die Fliegen an den Wänden krochen weiter. Das Feuer in der Küche erhob sich, flackerte und kochte das Essen. Die Suppe fing an zu brodeln. Und der Koch gab dem Jungen eine Ohrfeige, dass er schrie.

Da wurde die Hochzeit des Königssohns mit dem Dornröschen in aller Pracht gefeiert, und sie lebten vergnügt bis an ihr Ende.

Spaziergänge durch den Zauberwald

Zum Ausklang noch einige Anregungen, wie Sie sich dieses oder andere Märchen weiter erschließen können. Fraglos ist es gut, oft und viele Märchen* zu lesen, um sich in ihre traumhafte Bildsprache einzufühlen, um sich mehr und mehr im Reich der Seele zuhause zu fühlen.

Um Märchen wirklich zu verstehen, muss man sehr genau lesen, jedes Detail wertschätzen und sich ganz für ihre tiefe Symbolik öffnen. Die Symbolik erwächst zu einem guten Teil einem animistischen Welterleben und der damit verbundenen naturweisen Ordnung.

Über das Lesen hinaus gibt es verschiedene Möglichkeiten, sich in der Märchenwelt zu bewegen

*Mit Märchen meine ich immer unsere nordeuropäischen Volksmärchen. Kunstmärchen oder Märchen aus anderen Kulturen mögen erbaulich sein, doch sie berühren nicht die Tiefe unsere Seele, wie es nur das Erbgut unserer eigenen Kultur tun kann.

Bilderleben

Eine expressive Weise, sich ein Märchen zu erschließen, ist, seine Bilder zu erleben. Lassen Sie sich ein Märchen vorlesen. Setzen Sie sich entspannt hin und tun Sie nichts anderes, als zuzuhören und sich jede Szene intensiv als Bild vorzustellen. Hören Sie also nicht auf die Wörter, sondern sehen Sie die Bilder. Es ist gut, dabei die Augen zu schließen.

Anmerkung: Verwenden Sie keine Märchen-Kassetten, die irgendwie inszeniert sind, auf denen der oder die Sprecher ihre Stimme zur Interpretation nutzen, um der, den Figuren Gestalt zu geben. Lassen Sie sich vorlesen und lesen Sie Ihren Kindern vor. Möglichst ›unprofessionell‹, also ohne Inszenierung und Interpretation. Dann kann die Seele die Bilder des Märchens selbst inszenieren, so wie sie es braucht.

Hören sie also passiv zu und erschaffen, so gut Sie können, Ihre privaten Bilder. Am Ende des Vortrags bleiben Sie still bei sich und horchen in sich hinein: Welches Bild klingt am drängendsten nach? Lassen Sie es sich entwickeln. Malen Sie es! Gestalten Sie es aus. Lassen Sie sich nicht von vermeintlichem oder tatsächlichem künstlerischen Unvermögen abschrecken und malen Sie die Szene des Märchens, die Sie besonders berührt.

Sie können das mit »Dornröschen« tun, aber auch mit jedem anderen Märchen. Ihre Seele sucht sich schon, was sie braucht.

Beobachten Sie beim Malen Ihre Emotionen, unvoreingenommen. Wenn Sie fertig sind mit Ihrem Bild, betrachten Sie in aller Ruhe, was Sie gemalt haben. Natürlich ist dabei das Gespräch mit einem neutralen, aber einfühlsamen Dritten und/oder in einer Gruppe hilfreich.*

*Märchenseminare: www.maerchen-seminare.de

Zwiesprache

Eine weitere Form der Auseinandersetzung besteht darin, direkte Zwiesprache mit Ihrem inneren Kind zu nehmen. Dazu gehen Sie Ihr Märchen Schritt für Schritt durch und fragen sich, beziehungsweise Ihr inneres Kind zu jeder Szene, jedem Bild, jeder Figur, jedem Aspekt, was es dazu zu sagen hat.

Die folgende Liste soll für die Fragen dieser Zwiesprache nur Beispiele geben. Vielleicht wollen Sie zu weiteren Aspekten des Märchens fragen oder Fragen ganz anders formulieren.

- Auf welche Weise hat das weibliche Element in Ihrer Familie gefehlt?
- Wie ist Ihr Vater mit dem Weiblichen umgegangen?
- Mit welchen guten Eigenschaften sind Sie bei Ihrer Geburt begabt worden?
- Welcher ›Fluch‹ wurde über Sie geworfen?
- Welche Person hat Ihre Kindheit überschattet?
- Was hat Ihr Vater getan, um Sie vor dem Leben zu ›schützen‹?

- In welcher Situation haben Ihre Eltern Sie allein gelassen?
- Welche Geheimnisse Ihrer Eltern haben Sie heimlich entdeckt?
- Welchen Turm mussten Sie ersteigen?
- Welchen Schlüssel mussten Sie im Schloss umdrehen?
- Die sinnende Alte, was bedeutet die für Sie?
- Was bedeutet der Stich mit der Spindel für Ihr Leben?
- Was für eine Dornenhecke haben Sie um sich wachsen lassen?
- Wie haben Prinzen versucht, diese Hecke zu durchdringen, und woran sind sie gescheitert?
- Was muss ein Prinz tun, damit sich Ihre Hecke öffnet?

Märchen-Karten

Eine weitere Möglichkeit zur Vertiefung bieten die Märchen-Karten,* das sind 50 Bildkarten mit Märchen-Symbolen. Diese Symbole sind so ausgewählt, dass sie einen repräsentativen Querschnitt durch die Welt der Märchen bieten. Es gibt Figuren-, Tier- und Geheimniskarten, das sind märchenhafte Gegenstände. Diese Bildsymbole sind in einen Beziehungsrahmen gebracht, in eine Kosmologie eingeordnet, die sie untereinander verbindet. In dieses vielschichtige Netz von Beziehungen (den Zauberwald) tritt das Kind, die Hauptfigur des Märchens ein und entdeckt Karte für Karte sein ganz persönliches Lebens-Märchen.

In der Märchentherapie ist immer ein bekanntes Märchen der Ausgangspunkt, um dem inneren Kind zu begegnen. Das Märchen wird entdeckt und das innere Kind findet sich darin wieder. Bei den Märchen-Karten begibt sich das innere Kind in die Märchen-Symbolik hinein und entdeckt darin sein eigenes Märchen. Das fertige, ganz individuelle Märchen steht am Ende dieses Prozesses.

*Bonin, Felix von: Märchen-Karten. Ahlerstedt (Param) 2001.

Zwiesprache mit den Märchen-Karten

Weil die Märchen-Karten einen Satz der wichtigsten Märchen-Symbole bilden, kann man sie auch als Instrument für andere Formen der Begegnung nutzen. Zum Beispiel für die Zwiesprache mit »Dornröschen«. Und das geht so:

Legen Sie zunächst die Karte »Das Kind« (das sind Sie, die Prinzessin) offen aus. Mischen Sie die restlichen Karten und legen dann verdeckt einen Hof* drumherum.

Dann nehmen Sie alle verbleibenden Karten und sortieren Sie nach Figuren, Tieren und Geheimnissen. Wählen Sie für jede Figur, die in »Dornröschen« vorkommt und die Sie wichtig finden, mit Sorgfalt und Bedacht eine Figuren-Karte aus.

Unter den 19 Figuren der Märchen-Karten ist natürlich nicht für jede Figur aus jedem Märchen die passende Karte dabei. Gleiches gilt für die Tiere. Wählen Sie eine Karte nicht deshalb aus, weil sie äußerlich der Rolle entspricht, sondern weil sie Ihrem Gefühl nach zu der Figur in Ihrem Märchen passt. Eine Karte »alte Spinnerin« gibt es zum Beispiel nicht. Doch

*Damit sind acht umringende Karten gemeint, die so etwa wie ein Horoskop zu verstehen sind. Näheres dazu erfahren Sie im umfangreichen Begleitbuch zu den »Märchen-Karten«.

auch für den König müssen Sie nicht notwendig die Märchen-Karte »König« auslegen. Sie können jede andere Karte wählen, die Ihnen subjektiv passend erscheint, ja, Sie können durchaus auch eine Tierkarte wählen, denn die Tiere im Märchen repräsentieren menschliche Eigenschaften.

Die gewählte Karte platzieren Sie in Beziehung zum Kind. Fühlen Sie dabei Lage (oben, unten, rechts links), Entfernung und Orientierung (gekippt, auf dem Kopf, offen, verdeckt etc.) Wenn Sie auf diese Weise Ihre Hauptfiguren des Märchens ausgelegt haben, wählen Sie aus allen ausliegenden Karten eine Figur aus, die Sie als den Gegenspieler zum Kind empfinden. Wählen Sie verdeckt vom Stapel der Figuren-, Tier- und Geheimniskarten je eine und stecken diese verdeckt halb unter Ihren Widersacher.

Nun mischen Sie die drei Stapel noch einmal gut durch und legen sie verdeckt vor sich hin.

Bevor Sie sich nun aufmachen, Ihr »Dornröschen« zu entdecken, schauen sie sich erst einmal an, was Sie vor sich auf dem Tisch ausgelegt haben. Wo liegen Sie (das Kind) und wo und wie haben Sie die anderen Akteure platziert?

Als Nächstes decken Sie den Hof des Kindes auf und schauen sich an, wie es vom Schicksal ausgestattet wurde. Wie reagieren Sie darauf? Was hat das mit Ihnen, Ihrem Leben zu tun? Befindet sich in Ihrem Hof eine Karte, die Sie einer der Hauptfiguren zustecken möchten? Dann tun Sie das!

Wenn Sie sich ausgiebig mit dieser Ausgangslage beschäftigt haben, können Sie sich aufmachen, »Dornröschen« zu entdecken. Gehen Sie das Märchen Schritt für Schritt durch und stellen sich zu jedem Aspekt die Fragen, wie es oben für die Zwiesprache vorgeschlagen wurde.

Statt aber die Fragen aus sich heraus zu beantworten, ziehen Sie eine Märchen-Karte. Entscheiden Sie bei jeder Frage, von welchem Stapel (Figuren, Tiere, Geheimnisse) Sie eine Karte ziehen wollen und decken Sie die oberste Karte auf.

Betrachten Sie das Bildsymbol und horchen in sich hinein, welche Antwort es Ihnen auf Ihre Frage bringt. Es ist nicht nötig, die ›Antwort‹ sprachlich zu formulieren, es reicht, sie zu spüren. Dann stecken Sie die Antwortkarte verdeckt hinter eine der ausliegenden Hauptfiguren und nehmen sich die nächste Frage vor.

Wenn Sie auf diese Weise alle Fragen durchgegangen sind, decken Sie abschließend alle verdeckten Karten um die ausliegenden Hauptfiguren herum auf. Nehmen Sie sich dann jede einzelne Hauptfigur vor und schauen sich an, welche Antwortkarten Sie ihr zugeordnet haben und welchen Eindruck das jetzt abschließend auf Sie macht.

Dorn/käppchen

Es gibt eine Betrachtungsweise der Märchen (die natürlich auch auf andere Texte angewendet werden kann), bei der nicht der ausformulierte Inhalt, der Textkörper, sondern das Skelett, die blanke Struktur betrachtet wird.

Ansatz für diese strukturalistische Betrachtungsweise war die Erkenntnis, dass bestimmte Motive immer wieder in wechselnden Märchen aufscheinen und in variierenden Kombinationen eine Vielzahl von Fassungen entfalten. Das einzelne Märchen ist dann eine Konstrukt aus Motiv-Bausteinen.

Vertieft man sich in diese Vision, dann kristallisiert ein virtuelles, ewiges Ur-Märchen als Summe aller Motive, und das konkrete einzelne Märchen wird zum spektralen Farbenspiel eines zauberhaften Lichts, das sich in diesem Motiv-Kristall bricht und so in sein begrenztes, subjektives Leben gerufen wird.

Betrachten wir »Dornröschen« auf dieser Ebene, so zeigt es sich als »Rotkäppchens« Zwillingsschwester. Nanu! Ja, Zwillingsschwestern sind sie, jedoch im Sinne von Gold- und Pechmarie, von heller und dunkler Seite des Mondes.

Wie wir gesehen haben, ist »Dornröschen« keine Entwicklungsgeschichte im klassischen Sinn des Märchens. Dornröschen geht nur einen recht kurzen Weg, einen (väterlich) verbotenen. Auch Rotkäppchen entwickelt sich nicht und geht nur einen kurzen Weg. Der ist zwar nicht verboten, aber es weicht ab und übertritt damit das (mütterliche) Gebot.

Kennzeichnend in beiden Märchen ist die Linie der Frauen. Bei »Dornröschen« ist es der Dreiklang aus der Königin, die Leben gebären will; Dornröschen, das unschuldig Lebenshoffnung verkörpert; und der Alten im Turm, die Transzendenz und Schicksal spinnt. Bei »Rotkäppchen« sehen wir eine besorgte Hausfrau/Mutter, besorgt um ihre erkrankte Mutter (die Vergangenheit) und gleichsam besorgt um ihre Tochter (die Zukunft); Rotkäppchen, das keck aber arglos Lebenswillen darstellt; und die sieche Großmutter im (Sterbe-) Bett, als Mahnung an das Vergängliche.

Auf Seiten der männlichen Figuren sehen wir ähnliche Parallelen, jedoch mit noch markanteren Bedeutungsversätzen. In beiden Märchen gibt es zwei männliche Figuren. Bei »Dornröschen« haben wir den Vater/König, die besorgte, behütende, aber auch beengende Instanz, die das reifende Mädchen davon abhalten will, den weiblichen Weg überhaupt erst zu beschreiten. Bei »Rotkäppchen« tritt an diese Stelle der Wolf, der das dumme Ding nur zu seiner Lust verführen, vom Weg abbringen will.

So wie der König versagt, so obsiegt der einsame Wolf – beide allerdings nur scheinbar, weil das weibliche Wirken durch keine männliche Macht, ob königlich oder wölfisch, wirklich zu unterbinden ist. Allein, die Substitution König-Wolf ist schon beachtlich, wenn auch an dieser Stelle nur der Finger auf die Wunde gelegt werden kann.

Nicht anders ist es mit der zweiten männlichen, erlösenden Gestalt. Dornröschen, fünfzehn Jahre alt, also geschlechtsreif, trifft die alte Frau und fällt in Todesschlaf. Mit ihr erlahmt im Reich auch alles Leben. Rotkäppchens Alter wird uns zwar nicht mitgeteilt, das rote Käppchen spricht jedoch für sich. Auch es trifft auf die alte Frau, die große Mutter – und wird vom großen bösen (männlichen) Wolf verschlungen.

Rotkäppchens Aufenthalt im Bauch des Wolfs entspricht den ›hundert‹ Jahren Schlaf Dornröschens. Beide durchlaufen die Katabasis, erleben den »Gang durch die Unterwelt« und tauchen geläutert und erneuert wieder im Leben auf – als Frau, die eine zärtlich berührt, die andere noch einmal davongekommen.

Dornröschen wird von einem, von seinem – von ihrem Prinzen wachgeküsst und schaut ihn auch ganz freundlich an. Der Prinz ist Kraft seiner Jugend Dornröschen gleich, Ausdruck der Lebenshoffnung. Und beider Hochzeit besiegelt diesen zukunftsfrohen Pakt.

Rotkäppchen (Ich), durch sein an sich unabwendbares Schicksal fast schon verdorben, gemeinsam mit seiner Oma im Bauch des bösen Tiers, wir nur gerettet, weil sich das Männliche in Form des Jägers (Über-Ich) und das in Form des Wolfs (Es) bekämpfen.

Rotkäppchens Jäger ist nicht Mann als Partner, so wie Dornröschens Prinz, ist auch nicht Basis für einen Neubeginn des Lebens. Der Jäger ist abstrakte, hegende Instanz, Repräsentant eines Systems, das mit der Flinte ordnet.

Dennoch, beide Märchen erzählen die gleiche Geschichte. Da ist ein junges Mädchen, das geht den Weg von der Mutter zur alten Frau. Es wird vom Tod verschlungen und wieder ins Leben zurückgebracht. Das ist die eigentliche Einweihung. Dornröschen ist umweht vom Geheimnis, das Männliche ist Ergänzung und Bereicherung. Rotkäppchen ist bedroht und wird gerettet. Das Männliche bleibt außen vor, bleibt bedrohlich fremd.

ꕤ Inhalt ꕤ

Die Deutsche Bibliothek – CIP-Einheitsaufnahme

Ein Titeldatensatz ist bei der Deutschen Bibliothek erhältlich

www.param-verlag.de

Fotos Karl-Heinz Koch
Illustrationen Nataly Meenen
Satz und Gestaltung ars . data . media, Ahlerstedt
Druck und Verarbeitung Druckerei Steinmeier, Nördlingen

ISBN 3-88755-233-4

Heilung durch Märchen

Verwirrung der Gefühle

Hänsel und Gretel
Das unerwünschte Kind
ISBN 3-88755-231-8

Vom Zauber der Erotik

Aschenputtel
Ausgeliefert und missachtet
ISBN 3-88755-232-6

Die Macht der Dreizehn

Dornröschen
Erweckung des Weiblichen
ISBN 3-88755-233-4

Jeder Band dieser Reihe behandelt ein Märchen und ist in sich abgeschlossen.

Neben verschiedenen Versionen des Märchentextes und seiner tiefgehenden und aktuellen Deutung werden Anregungen zur kreatieven Auseinandersetzung gegeben, um die seelisch heilende Kraft der Märchen nachhaltig zu nutzen.

Jeder der dreizehn Bände
96 Seiten, 11,4 × 17,4 cm,
brosch.

param

Heilung du

Schneewitchen
Rivalinnen
Die Mutter zum Feind
ISBN 3-88755-234-2

Das singende springende Löweneckerchen
Liebe erlangen
Wie zwei ein Paar werden
ISBN 3-88755-235-0

Brüderchen und Schwesterchen
Geschwisterliebe
Verstrickungen lösen
SBN 3-88755-238-5

Von dem Fischer und seiner Frau
Unerfüllte Beziehung
Die Wiederherstellung des
ISBN 3-88755-239-3

Märchen

ISBN 3-88755-236-9

Die Sünden der Väter

Die Nixe im Teich
Untreue

Männer brauchen Hilfe

ISBN 3-88755-237-7

Der Eisenhans
Mann werden

ISBN 3-88755-240-7

Der schmerzensreiche Weg

Das Mädchen ohne Hände
Das missbrauchte Kind

ISBN 3-88755-241-5

Lasst mich doch einfach sein

Hans mein Igel
Das behinderte Kind